大一統
元至元十三年紀事

大一統

元至元十三年紀事

史衛民　著

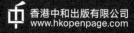

香港中和出版有限公司
www.hkopenpage.com

目錄

目錄

第七章　正氣歌

第八章　大一統

尾　聲　大一統後的隱憂

新版序言

　　1994 年 10 月由生活‧讀書‧新知三聯書店出版的《大一統 ── 元至元十三年紀事》，現由上海人民出版社北京世紀文景文化傳播有限責任公司推出新版，首先需要對助成該書再版的何曉濤、沈山、林榛等人表示衷心的感謝。

　　《大一統 ── 元至元十三年紀事》的寫作始於 1990 年 6 月，初稿於 1990 年 10 月完成，筆者隨即前往哈佛大學燕京學社做訪問學者一年有餘，期間對初稿做了多次修改，並加入了附錄的內容。1992 年 2 月至 5 月，根據出版社的意見，對書稿做了全面的修改。1993 年和 1994 年，在處理校樣時，又有一些重大的改動。儘管是一本小書，但作為即景式的歷史著作，筆者在初次嘗試中對於如何拿捏分寸還是頗費了些心思，好在有不少好友的幫助，使該書能夠以完整的面貌與讀者見面。

　　《大一統 ── 元至元十三年紀事》出版後不久，筆者從中國社會科學院的歷史研究所轉到政治學研究所，不得不暫時放下歷史學的研究，專心於政治學領域的問題。其後雖然參與了一些元史研究著作的寫作，不過都是為了完成所承擔的項目，不再奢求在元史研究方面有新的拓展。由此，對於本書的再版，筆者希望的是保持原版的風貌，只校正了原版的一些錯字，對主要參考文獻略作修改，正文和附錄都沒有改動。

　　為了使再版有一點新意，或者說對原版略作補充，筆者認為

有必要對元朝時期的人如何認識大一統，做出進一步的説明，主要是介紹六種類型的大一統論點。

一、學理型的大一統論點

　　學理型的大一統論點，着重於國家統一的理論解釋，以儒家學説闡釋大一統的必要性、可能性和延續性，使大一統能夠成為世人尤其是當政者可以理解、接受和使用的重要政治觀念和政治理想。由於理學已經盛行於南方和北方，闡釋學理型大一統論點的主要是當時的理學學者。

　　北方的理學宗師許衡，按照儒學先師孔子的説法，指出國家的統一與治亂有密切的關係。他特別對弟子強調：「春秋大一統，在天下尊王，在國尊君，在家尊父，這三件起來便治，這三處失位便亂。在人身尊德性，德性用事便治，才性用事便亂。」[1] 所謂德性用事，就是以德治國，與恃才傲物的率意行事截然不同，因為後者所帶來的不會是天下統一，只能是天下大亂。

　　北方理學學者郝經也認為統一與治亂有着密切的聯繫。他區分了取國與治國的三種情況：一是取之以道，治之以道，可以保持長久的統一；二是取不以道，治之以道，只能有限度地維繫統一；三是取與治都不以道，則隨得隨失，難以實現真正的統一。[2] 所謂的道，就是儒家所強調的「治道」或「致治之道」。

　　尤為重要的是，郝經在理學理論的基礎上，構建了完整的「大

----

[1]　許衡：《語錄下》，《魯齋遺書》卷二。
[2]　郝經：《思治論》，《郝文忠公陵川文集》卷一八。

一統說」，強調了對大一統的四點認識。

　　一是大一統需要順勢而為。天下之勢均本於理，南北儘管分裂，但其義自存，只有認清了已定之理和自存之義，才能把握變幻不定的勢。由此，對於國家的統一，不能急於求成，只能順勢而為。

　　二是天下利於合而不利於分。天下的歸屬可以分為三種形態：第一種形態是聖人在位的大一統，第二種形態是有待恢復的弱國，第三種形態是天下分裂。大一統當然是最理想的狀態。所以郝經不僅指出「夫天下之禍，始於天下之不一」，還特別強調了「大抵合則俱安，離則俱危，合則生民受福，離則生民被禍」的觀點。

　　三是以北統南是必然趨勢。郝經認同歷代王朝由北向南都可以達到統一的目標、由南向北難以實現統一的論點。他不僅列舉了歷次統一的實例，還特別強調這樣的統一趨勢有氣理方面的依據：北方所具有的是武強的氣勢，南方所具有的是文弱的氣勢，並由此形成了北併南而不是南併北的定理。郝經沒有看到明朝以南併北的統一，得出這樣的結論並不奇怪。

　　四是大一統重在以義取天下。郝經指出：「夫有天下者，孰不欲九州四海奄有混一，車同軌，書同文，行同倫。」但是依據取天下與治天下的關係，可以看到三種情況。第一種情況是無意於取，而有意於治。第二種情況是有意於取，有意於治。第三種情況是雖然有意於取和有意於治，但不知取與治為何物。元朝的統一，應該屬於有意於取並有意於治的第二種情況。由此需要特別注意的是，統一所依託的應該是文治而不是武力，因為「以智力勝人者，人亦以智力勝之矣。以義勝人者，天下無敵也」。為此，郝經特別強調了綱紀禮義對大一統的關鍵性作用：「蓋天下之勢，必一

方之綱紀禮義立，天命之，人歸之，而後天下一；此善於彼，而
後天下一。」「綱紀禮義者，天下之元氣也。或偏或全，必有在而
不亡。天下雖亡，元氣未嘗亡也。故能舉綱紀禮義者，能一天下
者也；不能舉綱紀禮義者，安於偏而苟且者也。」[①]

　　從郝經的論述不難看出，在國家統一的方式上，他更看重的
顯然是依賴於文治的「文統」，而不是只倚仗軍事實力的「武統」。

　　與許衡和郝經有所不同的是，另一位北方理學學者劉因更注
重的是國家統一的條件是否已經具備。為掃除世人對蒙古人的疑
懼，他不僅明確指出中國早已被聖人之教所教化，還特別強調了
元滅南宋統一全國，得利於以下五大要素：一是從道義上講，「我
直而壯，彼曲而老；我有名而眾，彼無義而小」；二是從軍事上
講，「彼江塞之地，盤互萬里，分兵以守之，則力懸而勢屈；聚兵
以守之，則保此而失彼」；三是從鬥志上講，「彼持衣帶之水，據
手掌之隅，將惰兵驕，傲不我虞；其備愈久，其心愈疏」；四是從
人心上講，「彼荊鄂之民，舊經剪伐，久痛瘡痍；見旄裘而膽落，
夢毳窟而魂飛；今聞大舉，重被芟夷，人心搖落，士卒崩離」；五
是從天命和大勢上講，「彼留我奉使，仇我大邦，使天下英雄請纓
破浪，虎視長江，亦有年矣；今天將啟，宋將危，我中國將合，我
信使將歸；應天順人，有征無戰」。[②]按照這樣的說法，南宋顯然
難以依據長江天險維持南北對峙的格局，中國走向統一已經是難
以抗拒的潮流。全國統一之後，劉因又強調：「今沿江南北，皆我
所新有，民不習靜而多變，有弊以革，有害以除，此亦有志於當

---

① 郝經：《思治論》《復與宋國丞相論本朝兵亂書》《上宋主陳請歸國萬言書》，《郝文
忠公陵川文集》卷一八、卷三八、卷三九。

② 劉因：《渡江賦》，《劉文靖公文集》卷一。

世，以有為為事者之所樂得也。」[1] 興利除弊是維繫統一的重要做法，如本書正文所述，元廷在這方面確實有過一些重要的作為。元朝中後期，南方的理學學者也對大一統作了理論性的解釋，尤其應該重視的是吳澄和許謙的論點。

　　對於空前的大一統，吳澄沒有採用通用的「車同軌，書同文」的說法，而是明確指出元朝帶來的是車不同軌、書不同文、行不同倫的統一：「自古一統之世，車必同軌，書必同文，行必同倫。今則器用各有宜，不必同軌也；文字各有制，不必同文也；國土各有俗，不必同倫也。車不同軌，書不同文，行不同倫，而一統之大，未有如今日。」[2] 元朝通行多種文字，並且對各族採用因俗而治的方法，吳澄的說法不無道理，因為他所陳述的恰是與以前大一統不同的現狀，並且道出了新大一統的特徵所在。

　　許謙則強調了兩種可以穩定大一統的政治狀態。一是實行郡縣制，「一為統天下為一家，正如秦漢之制，非謂如三代之王天下而封建也」；「今世既合，不可復分，終必又併而為一，舉天下而郡縣之而後已」。二是當政者不嗜殺，「自江左之獻版圖，未嘗復有干戈之役，遐荒莫敢不來王，所謂不嗜殺人者能一，民皆安土，地不遺力。睠此大墟，固可制井經而務稼穡。」[3] 元朝的大一統，確實包含了這兩種狀態。

　　更有意思的是，儒臣許有壬在元朝後期對大一統又有了一個全新的解釋，可引述於下。

---

① 劉因：《送張仲賢宣慰淮東序》，《劉文靖公文集》卷一七。

② 吳澄：《送蕭九成北上序》，《吳文正公集》卷二六。

③ 許謙：《讀四書叢說》卷三；《擬古戰場賦》，《白雲集》卷二。

春秋所以大一統者，六合同風、九州共貫也，然三代而下統之一者可考焉。漢拓地雖遠，而攻取有正譎，叛服有通塞，況師異道，人異論，百家殊方，指意不同，亡以持一統，議者病之。唐腹心之地為異域而不能一者，動數十年。若夫宋之畫於白溝，金之局於中土，又無以議為也。我元四極之遠，載籍之所未聞，振古之所未屬者，莫不渙其群而混於一。則是古之一統，皆名浮於實，而我則實協於名矣。[1]

人們論說元朝的大一統，重點強調的是統一區域超越了漢、唐，許有壬則明確指出漢、唐等王朝的統一，內部都存在着未能統一的因素，所以「名浮於實」，只有元朝不存在未被統一之處，因此達到了名實相符的大一統標準。

二、讚頌型的大一統論點

統一大業完成，自然需要讚頌，並且主要體現為臣僚對君主的讚頌。歌功頌德當然少不了奉承皇帝的詞句，但是不能由此而否定其所起的一個重要作用，就是使大一統深入人心，成為多數人認同的觀念。

本書第五章記述了至元十三年五月初一，亡宋君臣向元廷太廟禮拜的情況，可以略作補充的是，忽必烈在由王磐代為起草的《江南平告太廟祝文》中，特別強調了「朔雪炎風，盡書軌混同之

---

[1] 許有壬：《大一統志序》，《至正集》卷三五。

地；商孫夏裔，皆烝嘗助祭之臣」。儒臣耶律鑄也在《凱歌樂詞九首》中讚道：「幸值聖明臨御日，更逢文軌混同時。升熏天地神功頌，潤色光天統業辭。」書軌混同或者文軌混同，以及各族人的臣服，是世人普遍認可的大一統標誌，自然成為讚頌的主要內容。吳澄所說的車不同軌、書不同文，只是元朝中期才出現的一家之言，並沒有影響世人對車同軌、書同文等的讚頌。

朝臣徐世隆和胡祗遹呈給忽必烈的平江南賀表，呈現的是對大一統的更完整讚頌，可轉錄於下。

　　聖人之兵仁而威，無遠不服；天下之勢離必合，有險即平。方期四海之會同，豈許一江之限隔。捷書屢至，慶頌交馳。欽惟皇帝陛下，至德體元，中華開統。美化既東西之被，兼愛豈南北之分。初遣文臣，播告方國，昭示包荒之量，絕無凌弱之心。弗圖島夷，輒拘使節，誘納我叛將，盜據我歷城。雖就鯨鯢之誅，尚遺蜂蠆之毒。蠢爾三苗之弗率，命予群后之徂征。一鼓而定荊襄，再駕而降鄂岳。蘄黃面縛，江池心歸。鐵甕之堅城已摧，金陵之王氣何在。楚地六千里，不勞秦將之增兵；錢塘十萬家，坐見吳王之納土。偽將悉朝於闕下，幼君遯竄於海中。方知恃險而亡，應悔求和之晚。茲雖天意，實出聖籌。歷觀往古混一之難，未有今日飛渡之易。臣某等叨居牧寄，喜聽凱音。矧曾充載筆之臣，尤當述集勳之事。駿奔效命，正海內一家之時；虎拜揚休，上天子萬年之壽。[1]

① 徐世隆：《東昌路賀平宋表》，《國朝文類》卷一六。

　　天命大一統，可能交質為鄭周；帝業不偏安，豈以
長江限南北。顧茲孱宋，得自偽周。失位中天，偷生炎
海。以寢微而寢滅，尚自大以自尊。不畏天威，不歸王
政。少發雷霆以震怒，奚有蠻荒之蘗芳。憫念生民，不
忍兵取。遣信使以溫諭，賜詩書以優容。迷心累卵之危，
恃險一舸之水。久留我命，毒我邊泯，誘我叛亡，竊我
疆土。事至於此，兵不能已。而命將出師，以順討逆。
摧枯拉朽，破竹燎毛。小人漿食進於壺簞，君子玄黃實
於筐篚。不下益州之鬥艦，坐受石城之降幡。萬世峻功，
普天同慶。欽惟皇帝陛下，聖神文武，順天應人，眾皆
曰可而行，兵不得已而用。越湯武之不殺，躋堯舜之至
仁。德高百代之前，恩漸四海之表。非平吳平陳可比，
視格苗格越而益雄。盡地之維，邁古昔區域之廣；際天
所覆，無日星雨露之偏。聖祚無疆，上天永眷。有生萬
類，同我太平。臣某等叨列外台，賀達陛禮。鼓舞餘樂，
倍百恆情。[1]

　　徐世隆和胡祗遹都概述了忽必烈滅宋統一全國的過程，而「四
海會同」「海內一家」「混一」等，都是「大一統」或「統一」的同義
詞。略有不同的是，徐世隆的賀表強調的是大一統乃大勢所趨，
不可阻擋，所以滅宋戰爭進行得相當順利；胡祗遹的賀表強調的
是大一統乃天命所繫，興師南伐所代表的是以順討逆，其結果就
是實現了超越前代的大一統。尤為重要的是，這兩篇賀表都指出

---

[1]　胡祗遹：《平江南賀表》，《紫山大全集》卷一四。

了在統一進程中忽必烈所具有的兼愛或至仁之心，指明了在聲勢浩大的「武統」中，實則蘊涵着「文統」的真諦。

　　來自江南的人，也表達了對大一統的讚頌。江南儒士陳孚曾向忽必烈呈獻《大一統賦》，儘管該賦的原文已經散失，但是在陳孚的其他詩作中不乏讚頌南北統一的詞句，如「乾坤一統自此始，坐見北極朝衣冠」和「帝德堯同大，山河共一天」等。[①] 原南宋進士方回也在至元三十年（1293年）給朝廷的賀表中對大一統頗加讚頌：「河清而聖人生，一統定九圍之域。」「聖神武文，混合南北。仁義禮智，整齊乾坤。」「自四海一家之後，皆五風十雨之時。車書同而文物興，鋒鏑銷而生齒富。」[②] 以字畫聞名於當時的南宋宗室後裔趙孟頫則全面肯定了忽必烈的大一統和文治功績：「東海西山壯帝居，南船北馬聚皇都。一時人物從天降，萬里車書自古無。秦漢縱強多霸略，晉唐雖美乏雄圖。經天緯地規模遠，代代神孫仰聖謨。」[③] 就連江南的道士杜道堅，也有了「皇元啟運，華夷混一，文同軌會」的讚頌，並特別強調了「車同軌，書同文，天下一俗。賞不僭，刑不濫，四海一心。能如是，則人主之思不出四域，而教化如神」的看法。[④] 需要說明的是，讚頌大一統的南人，往往亦具有強烈的故國情結，既有對過去的回顧，也有對現實的認可，兩者之間並不存在相互排斥的關係。

① 陳孚：《陽羅堡歌》《交趾朝地驛即事》，《陳剛中詩集》卷二。
② 方回：《崇壽節賀表》《平爪哇露布》，《桐江集》卷五。
③ 趙孟頫：《欽頌世祖皇帝聖德詩》，《松雪齋文集》卷四。
④ 杜道堅：《文子續義》卷九。

三、符號型的大一統論點

　　元朝中後期，大一統已經成為當政者經常使用的重要符號，所要昭示的，就是君主承繼國家一統事業的政治正當性。忽必烈之後的元朝皇帝，在詔書中往往有專門針對大一統的表述，如元武宗的《至大改元詔》所稱：「仰惟祖宗應天撫運，肇啟疆宇，華夏一統，罔不率從。」元英宗的即位詔書明確表示：「洪惟太祖皇帝膺期撫運，肇開帝業；世祖皇帝神機睿略，統一四海。」元文宗則在兩次即位詔書中都強調了大一統的重要作用：「洪惟我太祖皇帝肇造區宇，世祖皇帝混一海宇，爰立定制，以一統緒。」「朕惟昔上天啟我太祖皇帝肇造帝業，列聖相承。世祖皇帝既大一統，即建儲貳。」元順帝也在即位詔書中強調：「洪惟我太祖皇帝，受命於天，肇造區夏；世祖皇帝，奄有四海，治功大備。」詔書的用詞儘管有所不同，但是以大一統為重要的政治符號，其用意是相同的。

　　亦有皇帝明確表示了維繫大一統的不易。如元仁宗曾向臣僚說道：「卿等以朕居帝位為安邪？朕惟太祖創業艱難，世祖混一疆宇，兢業守成，恆懼不能當天心，繩祖武，使萬方百姓樂得其所，朕念慮在茲，卿等固不知也。」[1]泰定帝也曾表示：「朕自即位以來，惟太祖開創之艱，世祖混一之盛，期與人民共享安樂，常懷祗懼。」[2]也就是說，承繼和發展忽必烈所開創的大一統局面，已經被後來的皇帝視為重要的政治責任。

　　朝廷大臣則為大一統的政治符號加上了其他的符號。如元朝

---

[1] 《元史》卷二六《仁宗紀三》。
[2] 《元史》卷二九《泰定帝紀一》。

後期的名臣虞集為大一統增加的是「立制」符號:「我皇元太祖皇帝,受天命以與,列聖繼作,至於世祖皇帝一統天下,立朝廷,定制度,以御萬方。」[①]另一位名臣蘇天爵為大一統增加的則是「治平」符號:「世祖皇帝既臣宋人,遂大一統,選士求材,作新百度,深仁厚澤,普洽群生。列聖相繼,保守治平。」[②]之所以增加這些符號,就是希望忽必烈的後繼者能夠珍惜和保護大一統的成果,並使世人能夠更全面了解大一統的含義。

四、時務型的大一統論點

時務型的大一統論點以實用主義的視角,重點闡釋大一統所帶來的重大變化,尤其是大一統帶來的各種好處,以及大一統後應特別關注的朝政問題。這樣的論點也具有讚頌的成分,但是與純粹的讚頌論點相比,更注重的是大一統的實效,而不僅僅是書同文、車同軌等虛飾之詞。有元一代,時務型的大一統論點頗多,此處只列舉十種具有代表性的論點。

一是仁政説。大一統後要實行仁政,是儒者的殷切期望,如活躍於元朝中期的江南理學學者戴表元,就特別強調了在大一統的條件下,講究仁政能使百姓親身體會到太平治世所帶來的各種好處:「洪惟皇元,繼宋御宇,奄有諸夏。橐弓偃鉞,而天下戢其威;韜征緩獄,而天下頌其平。惟茲海邦,遠在數千里外,慈仁所加,無間軒陛。故詔書每下,斥鹵之氓,巖穴之叟,投緡植耒,

---

① 虞集:《送集賢周南翁使天壇濟源序》,《道園學古錄》卷五。

② 蘇天爵:《請保養聖躬》,《滋溪文稿》卷二六。

驩喜出聽，誠可謂千載一時，太平混合之嘉會。」[①]皇帝詔書中所稱的仁政，並不代表全國已經普遍實行了仁政，但作為儒者，為仁政鼓而呼，應該是不可推卸的責任。

二是無為說。有人認為只有無為而治，才能保住大一統的成果。活躍於元朝中期的另一位江南理學學者任士林，所持的就是這樣的論點。他對論點的具體論述是：「世祖聖德神功文武皇帝，以神武不殺一天下，故日月所照，熙然邃古之世，素樸之民；以慈儉無為理天下，故天地欣合，藹然清靜之治，寧一之風。」[②]無為是道家的思想，但是不少理學學者藉此來反對唯利是圖的亂作為，亦已成為一種重要的政治表述。

三是守成說。維繫大一統的局面，可能更需要的是善於政治守成的君主。北方的儒臣王惲在元成宗即位後即明確指出有統一君主和守成君主的區別：「纂武功平禍亂而一統者，垂統之祖也。尚文德以柔道而為理者，守成之君也。」善於政治守成的君主，就是能夠在大一統的政治環境下倡導仁愛之政：「天以至仁生萬物，人君代天理物，故當以仁愛為主。國家自太祖肇造區夏，至於先皇帝，混一六合，功成治定，可謂至矣。今陛下繼體守文，如周成康措世於安寧，漢文景注意於休息，中外顒望，正在今日。所謂子愛實惠，不出於息兵、省刑、薄斂而已。」[③]需要注意的是，從廣義上說忽必烈以後的歷位元朝皇帝都是守成君主，所以王惲的說法，對各位皇帝都適用。

---

① 戴表元：《仁壽殿記》，《剡源集》卷一。

② 任士林：《大護持杭州路宗陽宮碑》，《松鄉集》卷一；亦可參見本書《杭州路開元宮碑銘》。

③ 王惲：《元貞守成事鑑一十三篇》，《秋澗先生大全文集》卷七九。

　　四是利民説。大一統有利於全國的民眾，朝廷如果全方位講究養民之道，更會給民眾帶來各種好處。自稱為「布衣」的北方儒士趙天麟就曾在給皇帝的上書中強調了「乾坤蓋載之區，莫非吾之民也」和「一統之運，形勢在民」，由此國家既要注重息民之務，也要注重養民之道。前者主要是息兵戈，後者主要是限田產和均賦税，所要達到的目標就是大一統下的民富國強。[1] 江南人葉知本則在給元仁宗的上書中指出：「今天下一統，四海息兵，無宿師轉餉之費。萬邦貢賦，俱入王府，無用度不足之憂。而為政者但思今日增鹽額，明日增鹽價，必欲困竭江南之民財，斫喪國家之根本，臣不知其用心何如也。」[2] 葉知本的上言，顯然是從另一角度提出了大一統後的利民要求。

　　五是尊儒説。尊崇儒學，崇尚教化，是儒者對大一統之後的重要政治訴求。如北方儒臣王構所言：「皇元既一天下，罷屯戍，藝桑麻，民不執戈，野無曠土。比歲以來，為州牧者體聖朝崇儒重道之意，敦崇教化。」[3] 身為隱士的前南宋進士舒岳祥也指出：「自古一統天下之主，未有不尊孔氏隆儒術者也。」「皇帝既一南北，郡百蠻，乃尊孔氏、隆儒術、闡文治也。」[4] 在儒者看來，尊儒重教是文治的一個重要標誌，自然容不得半點忽視。

　　六是興學説。全國的統一，應該有利於儒學教育的發展。統一後被忽必烈點名召入朝中的江南名士葉李，特別向忽必烈提出了發展儒學教育的建議：「臣欽睹先帝詔書，當創業時，軍務繁

① 趙天麟：《顧形勢》，《太平金鏡策》卷八。

② 葉知本：《陳減鹽價書》，《全元文》第 39 冊，第 8─10 頁。

③ 王構：《錦江書院記》，《全元文》第 13 冊，第 141─142 頁。

④ 舒岳祥：《寧海縣學記》，《閬風集》卷一一。

夥，尚招致士類。今陛下混一區宇，偃武修文，可不作養人才，以弘治道？各道儒學提舉及郡教授，實風化所繫，不宜罷。請復立提舉司，專提調學官，課諸生，講明治道，而上其成才者於太學，以備錄用。凡儒戶徭役，乞一切蠲免。」① 這樣的建議被忽必烈採納後，贏來了南方儒者尤其是隱居的前南宋進士的積極評價。如何夢桂所言：「大元以神武一天下，事定不遑他務，汲汲惟學校是崇，使斯文不至泯滅，皆天之所留以遺斯世者也。」② 俞德鄰也指出：「今聖天子以神武混一區夏，車書萬驛，雨露一天，沚莪泮芹，生意纈纈，鄉有鄉師，邑有教諭，郡有教授，置提學以綱維之，命廉訪以勉勵之，而又蠲其力役，均其廩補，立為歲貢之法。士生斯時，亦云幸矣。」③ 元朝中期的江南理學學者劉詵更明確表示：「皇元混一天下，世祖皇帝在位日久，詔書每下郡國，必以勉勵學校、敦厚風俗為先。累世相承，教化大敷。又以明經修行取天下之士，人心翕然日趨於道。」④ 所謂「以明經修行取天下之士」，就是重開科舉，這已經是元仁宗時的事情了。

七是理學說。南宋後期理學北漸，使北方出現了一批理學學者。藉助大一統，可以實現南北理學的融合。北方儒者張之翰在統一後不久就指出南北理學的融合已經成為不可阻擋的趨勢，江南儒士在這方面可以大有作為。江南理學學者熊禾則在詩作中指明了在大一統的條件下，以朱學為代表的理學北傳，具有劃時代的意義：「文公（朱熹）之道會當北，古今此理常往還。昭代表章

---

① 《元史》卷一七三《葉李傳》。

② 何夢桂：《壽昌縣學記》，《潛齋集》卷九。

③ 俞德鄰：《鎮江路儒學成德堂記》，《佩韋齋集》卷九。

④ 劉詵：《曾子祠記》，《全元文》第 22 冊，第 102—103 頁。

自此始，九州四海猶同文。大道久分要統一，皇極一建趨蕩平。」①
另一位江南理學學者陳普則明確表示，南北理學融合後，儒者既
要尊崇朱熹，也要尊崇北方理學宗師許衡：「書聲三百年，而文公
朱子（朱熹）生焉，道統在焉，心之無在不在也。許平仲（許衡）
覃懷人也，相後不百年，而相去數千里，一旦於吾朱子之書，忻
喜踴躍，如獲連城。上以廣一人堯舜之心，下以起同類曾閔之行，
而復能真體實踐，藹然於立身處家、進退行藏之際。六合既一，
北方人物之美，趣尚之正，不絕於南來者之口，而四書之檐發於
武夷之下，逾江淮、黃河，越行、華，出居庸、雁門、玉門，以
極於日月之所照。」②恰是有了南北理學的融合，才使得理學得到
了官方的支持，並使得朱熹的著作成為科舉考試的基本用書，所
以大一統確實對理學的發展起了極為重要的作用。

八是文風說。前所未有的大一統，帶來了文風的轉變。元朝
後期的名臣歐陽玄指出：「我元龍興，以渾厚之氣變之，而至文生
焉。」「皇元混一之初，金、宋舊儒，布列館閣，然其文氣，高者
崛強，下者萎靡，時見舊習。承平日久，四方俊彥萃於京師，笙鏞
相宣，風雅迭唱，治世之音，日益以盛矣。」③儒士朱右也認為：「有
元啟運，肇造朔漠，著作之家，名世之士，所以神治化、代王言、
垂世範者，固已產於金、宋未亡之前。風雲類從，萬物咸睹，混一
雄厚之氣見諸言辭，豈偶然哉。」④另一位儒士陳基則強調：「國家

---

① 熊禾：《觀洛行》，《勿軒集》卷八。

② 陳普：《大學要略序》，《石堂先生遺集》卷一三。

③ 歐陽玄：《潛溪後集序》，《圭齋文集》卷七；《雍虞公文集序》，《全元文》第 34 冊，
   第 456─457 頁。

④ 朱右：《元朝文穎序》，《白雲稿》卷五。

混一百年，能言之士莫不各以其所長馳騁上下，以鳴太平之盛。」
「中統、至元以來，風氣開闢，車書混同，縉紳作者與時更始，其
文如雲行雨施，霑霈萬物，充然其有餘也。」① 這些説法所要強調
的，就是有了大一統，才會有充分展現大一統精神的雄偉文風。

　　九是用人説。全國統一之後，朝廷可以在更廣大的範圍內選
人和用人，尤其是廣泛選用南北的士人，使儒士有為國家效力的
機會。南方的儒士在統一之初對於仕元有較強的抵觸情緒，葉李
特別指出了可以仕元的兩條理由，一條理由是統一後朝廷亟需人
才，「今大元受命，求賢且急」；另一條理由是南人入仕，可以體
現對全民的眷顧，「躋列要地，使中國士民有所瞻依」。② 統一前
已經入仕於元朝的江南人程鉅夫，則特別強調了大一統後南人不
應該受歧視，尤其是在朝廷選用官吏方面需要一視同仁：「聖主混
一車書，兼愛南北，故北南之人皆得入仕。」選調南人到北方任
官，應該成為常態化的做法，因為「國家既已混一江南，南北人才
所宜參用」，而江南不乏朝廷所需要的「好人」。③ 用人方面的問題，
在元朝時期並沒有得到很好的解決，對南人的任官歧視，至元末
一直存在。

　　十是交通説。大一統打破了南北隔絕的狀態，為大江南北的
交通提供了便利條件。正如入元後隱居的南宋進士黃公紹所言：
「自宇宙分離，南北分裂，生長東南者夢不識齊滕之路。」「大元
一統以來，際天蟠地，舟車所至，罔不砥屬，故凡通驛公館之制，

① 陳基：《程禮部集序》《孟待制文集序》，《夷白齋稿》卷二二。
② 葉李：《與朱清先生書》，《全元文》第 11 冊，第 84—85 頁。
③ 程鉅夫：《吏治五事》《好人》，《雪樓集》卷十。

率維用茲聖作之典。」[1]江南人王奕還特別利用交通的便利，提出了儒士組團到曲阜參拜孔廟的倡議，並得以順利成行。

五、警示型的大一統論點

國家統一之後，驕奢之風漸起，碌碌無為漸多，警示型的大一統論點應運而生，所要強調的就是為了維繫大一統的局面，必須有居安思危的理念和作為。

元成宗在位時，江南人鄭介夫在上書中鄭重提出了在大一統的格局下居安思危的問題。

> 國家混一以來，年穀屢登，民無菜色。間有不稔，未見深害。所以上下偷安，不為經久之思。萬一遇大水旱、大凶歉，饑饉相因，骨肉不保，戶口星散，盜賊蜂起，將何策以救之。
>
> 欽惟聖朝布威敷德，臨簡御寬，極地際天，罔不臣服，混一之盛，曠古所無。三代以降，自周至今二千年間，得大一統者，惟秦、漢、晉、隋、唐而已。秦、晉、隋以貽謀不遠，旋踵敗亡；漢、唐雖傳數十世，其間又亂日常多，治日常少。古今一統其難如此，而能保於長且久者，又難如此。毋謂四海已合，民生已泰，可以安意肆志，而不思否泰相因，離合相仍，大有可憂可慮者存也。[2]

---

① 黃公紹：《題燕山行錄》《樵川新驛記》，《全元文》第 13 冊，第 37—38、41 頁。
② 鄭介夫：《上奏一綱二十目》，《元代奏議集錄》，第 52—53、102—107 頁。

　　鄭介夫的話不是危言聳聽，因為他所深深憂慮的，恰是人們不重視「得大一統不易、守大一統更難」的理念。

　　元文宗在位時，儒臣陳思謙在上書中也發出了與鄭介夫類似的警告，可引錄於下。

　　　　上有宗廟社稷之重，下有四海烝民之生，前有祖宗垂創之艱，後有子孫長久之計。中論秦、漢以來，上下三千餘年，天直一統者，六百餘年而已。我朝開國，百有餘年，混一六十餘年，土宇人民，三代、漢、唐所未有也。民有千金之產，猶謹守之，以為先人所營，況君臨天下，承祖宗艱難之業，而傳祚萬世者乎！臣愚以興亡懇懇言者，誠以皇上有元之聖主，今日乃皇上盛時圖治之機，茲不可失也。①

　　陳思謙指出歷史上分裂的時間多於統一的事實，也是要警示君主不能對治國掉以輕心，要真正以珍惜和維繫大一統為己任。

　　活躍於元朝中後期的江南理學學者吳師道，則以史論的形式，討論了統一與治亂之間的關係。

　　　　三代而後，混一天下者凡六姓，秦、漢、晉、隋、唐、宋，享國長久稱漢、唐，晉未久而分裂，宋稍久而播遷，秦、隋最先亡。夫合天下而為一，強盛之勢，秦、隋、唐一也。而僨身喪邦或若是亟者，何哉？昔人以忠

----

① 《元史》卷一八四《陳思謙傳》。

厚者延長，暴虐者不永，固不易之論。愚嘗因而求之，
建始之君艱難經營，角智力而得之，非若三代之積德累
仁者，獨漢為近正，其餘已不能然，況秦、隋乎？以仁
得之，以仁守之，不可尚已；以不仁得之，以仁守之，
獨不愈於不仁乎？當其取之之際，威武之時多，惠澤之
日少，無以大相過，必其子孫有賢聖者出，於一再傳之
後，有以結天下而固人心，然後植長久之計。文帝之於
漢，太宗之於唐是已。彼秦、隋一傳而又得暴虐之主，
無怪也。晉武之興，繼以惠帝，特以昏庸召禍，已不可
救，其實非若二世、隋煬之惡也，民猶哀之而戴其後。
宋興，數世守文，當靖康間享國已幾二百年，故亡而猶
存，而混一之盛終不可以復得。彼論徒知忠厚者足以延
長，而不知忠厚之澤當上承開國之初而為之，斯時也，
治亂修短之決也。……千金之家，有子不肖，蕩其貨財，
而曰：「其孫猶賢也。」不知孫雖賢，而其富已不得而有
矣。吾觀子嬰慨然誅趙高，似果而材；隋之末世，亦仁
柔無罪；天下大勢已去，其何救於亡？嗚呼！以是觀之，
則知前說之益可信矣。[1]

　　吳師道重點關注的顯然不是如何統一的問題，而是如何使統
一能夠保持長久的問題。他不僅強調統一後應該施行仁政，還特
別指出維繫統一要幾代君主的持續努力，其中一旦出現昏庸的君
主，就會重蹈秦、隋二世而亡的覆轍。這樣的論說，儘管未涉及

---

[1]　吳師道：《秦隋論》，《吳禮部文集》卷十。

元朝本身，但不能不說是對當時人的重要警示，因為賢明的君主
必須懂得居安思危的道理。

六、危機型的大一統論點

元朝末年發生的大規模戰亂，構成了對大一統的嚴重威脅。
救亡圖存之際，人們所關注的主要是如何拯救大一統的問題。

蘇天爵認為，在亂局中維繫大一統，最為重要的是愛民和安
民：「天下之事當謹於微，民惟邦本，尤不可忽。國家自太祖皇帝
戡定中原，世祖皇帝混一海宇，黎元休息，百年於茲。」「方今天
下雖號治平，然山東實股肱郡，去年河水為災，五穀不登，黎民
流冗者眾，朝廷間嘗賑給，猶未克瞻。江淮之南，民復告飢。河
北諸郡，盜賊已未獲者三千餘起。夫民窮為盜，蓋豈得已，為民
父母，顧將何如？豈可優游燕安，視若無事。伏惟朝廷宜急講求
弭安盜賊方略，賑救饑民長策，使海宇清謐，黎民富足，實為宗
社之至計也。」[1] 將救民與救國聯繫在一起，是儒家倡導的做法，
蘇天爵不過是將其與元末亂世聯繫在了一起，期望走出一條維繫
大一統的成功之路。

儒臣歸暘認為，要拯救危局，維繫大一統，不能只想着以徵
天下兵平盜，因為「兵益多，盜益不畏」，有效的做法應該是振紀
綱、選將才和審形勢，以作新政治來自救。[2] 這樣的看法對於賢明
的君主可能有用，但是攤上了昏庸的君主和奸詐的大臣，只能被

---

① 蘇天爵：《建白時政五事》，《滋溪文稿》卷二六。
② 歸暘：《乃蠻公生祠記》，《全元文》第 51 冊，第 109—110 頁；《元史》卷一八六
《歸暘傳》。

視為所謂「腐儒的空談」，被置之一旁。

元朝進士盧琦則寄希望於以招撫叛逆的方式來維護國家的統一，他特別撰寫了招撫「從逆者」的文告，明確表示：「皇元混一天下百餘年，近歲構亂，河南、湖廣、江浙等處悉皆搔動，人皆為國家憂之。」「汝等居深山，知紅巾之亂，未必知紅巾之滅；知縣官之有虐政，未必知聖主賢相之有洪恩，惜乎無人為汝宣達此意。」「汝等一朝作梗，禍連諸邑，百姓受流離之苦，前此未聞。且汝祖、汝父為大元民，汝身為大元民，大元何負於汝，汝乃甘心悖逆為盜乎。」[①]局部地區的招撫，可能有一點成效，但是對於全國性的戰亂而言，這樣的成效顯然是微不足道的，難以從根本上挽救敗局。

江南的理學學者王禕則感歎：「惟我國家之有天下，極海內外，罔不一家，自古有天下之盛，莫盛於茲。疆宇混一殆且百年，肆今天子在位日久，致治之盛，文恬武嬉，然而豐恆豫大者艱險之基，宴安逸樂者憂危之兆。乃自比歲干戈並起，海內糜沸，朝廷之綱紀因之而凌遲，邦國之用度因之而匱乏。天下之勢，日久必弊，昔之安者從而危，完者從而壞，天下之多故，遂莫甚於此時矣。」他認為在軍需日增的情況下，百姓已經被壓榨至盡，必須以取之有道的方法，使百姓得以修養生息，才能穩固民心，成持久之勢。而要挽救敗局，朝中的大臣必須懂得固結人心和總攬政權所起的重要作用：「其曰開誠佈公者，固結人心之本也。其曰信賞必罰者，總攬政權之要也。」[②]王禕的思考是較全面的，既指出了

---

① 盧琦：《諭寇文》，《圭峰集》卷（下）。

② 王禕：《送貢公守平江序》《上丞相康裡公書》，《王忠文集》卷七、卷一六。

問題的症結，也開出了救世的藥方，可惜亦未引起當政者的重視。

另一位江南理學學者黃鎮成，則已經從大一統不保，看到了國家敗亡的兆頭：「昔我世祖皇帝統一夷夏，際天所覆，不聞金革之事，八十年於茲矣。然軍政久弛，城墮兵頓，一旦蘖芽竊發，雖有強智之士束手徒搏，亦罔錯其力焉。至紆綬擁旄，食焉而避其難者，固無足議。而臨危死敵，若推原其本心，由其蚤見豫定，而非處於不獲已者，蓋亦鮮焉。」[①] 大廈將傾之際，保持清醒的頭腦尤為重要，黃鎮成不過是眾多清醒者之中的一員。

在亂世中，不乏忠臣義士奮起抗爭，為國家盡忠守節。但是更多的人尤其是儒士，面對亂局束手無策，只能是東躲西藏，間或以詩詞抒發自己的感懷，使元朝末年的危亡詩成為一道亮麗的風景，同時造就的是元朝大一統的絕唱。

以如此長的篇幅列出六類大一統論點，就是要說明元朝的大一統作為一個重要的歷史事件，必會帶來思想和認識的重大變化。這樣的變化，一言以概之，就是既需要政治實踐所成就的大一統，也需要政治思想所成就的大一統。熟悉思想和觀念的變化，可以使人們對大一統有更全面和更深入的理解。大一統顯然不僅僅是一個簡單的政治術語或者政治符號，有其深邃的內容，需要認真地挖掘，而本書只能對大一統的解讀提供一點點的幫助。本序和正文中的不足之處，歡迎批評教正。

史衛民

2019 年 11 月 18 日

---

① 黃鎮成：《王伯顏死節傳》，《全元文》第 36 冊，第 524—525 頁。

作者序

　　中國歷史上的每一次王朝統一，都要帶來一場深刻的社會變革。統一車輪的轉動，不但需要軍事上的成功，同時需要強大的政治優勢。對於少數民族建立的王朝來說，後者似乎更加重要。

　　13 世紀以前，在中原地區立國的少數民族統治者，曾經做過統一的嘗試。留下的卻是失敗的記錄。八公山的「風聲鶴唳」，葬送了前秦君主苻堅的前程；采石磯的兵變，送掉了金朝皇帝完顏亮的性命。13 世紀下半葉，元世祖忽必烈終於以自己的行動，創造了兩個「第一」的紀錄：由少數民族建立的王朝，第一次統一了中國，這次統一不但使大江南北重為一域，結束了五個世紀的分裂割據局面，還把雲南、西藏和西域地區劃進了統一的版圖；如此範圍廣大的統一，在中國歷史上也是第一次出現。

　　為甚麼忽必烈能夠獲得如此輝煌的成就？在元朝的政治機制和文化因素中，有甚麼成功的秘訣？希望通過本書的介紹，讀者能夠找到答案。

　　統一浪潮滾滾向南，素來以「正統」自居、以「偏安」為計的南宋君臣，被迫演出了一場場悲劇。他們的恐懼、憂慮、妥協乃至抗爭，構成了大一統進程中的另一重要內容。失敗者的命運，讀者在本書也能清楚地看到。

　　公元 1276 年，是這次統一進程中最為重要的一個年份。本書試圖以紀實手法，將這一年內發生的重大事件連綴成篇，向讀者

展示出一幅簡短而生動的歷史畫卷。本書不詳細介紹統一戰爭的過程，而是把重點放在描述出社會變革帶來的政治衝突和不同文化之間的相互影響。在本書中出現了近三百個歷史人物，他們來自不同民族，有着不同的文化背景，進行了不同的表演；當然側重介紹的，只能是其中最有影響的幾十個人的情況。

　　本書的寫作，是在中國社會科學院歷史研究所陳高華研究員指導下完成的。三聯書店的林言椒先生、潘振平先生、張林娜小姐和尹選波先生，中國大百科全書出版社的左步青先生，錦繡出版公司的呂石明先生和黃台香小姐，不但為本書出版鋪平了道路，還對本書的篇目結構等提出了寶貴意見，並做了大量的編輯加工工作。在此特向他們表示衷心的謝意。

　　用一種較新的體裁來寫歷史，對我來說是初次嘗試，歡迎讀者和史學界的前輩、同仁對書中錯謬之處提出批評。

史衛民
1992 年 4 月

楔子

「江南若破，百雁來過」的童謠，在危機四伏的南宋王朝境內悄然流傳。終日為生計辛勞的尋常百姓，沒有工夫去深究這到底是甚麼意思，飽讀詩書的士人卻深為憂慮。這倒不完全是神秘的流言所引起的心理上的恐懼，而是宋元間的戰事已經到了關鍵時刻。

公元 13 世紀初葉，持續了近百年的宋、金、西夏三國並立的局面，被新興的大蒙古國所打破。蒙古軍隊摧垮西夏王國（1227 年）之後，集中兵力向退保中原地區的金國發起最後攻擊，並向南宋朝廷伸出橄欖枝，邀請南宋出兵夾攻金軍，許以滅金後南宋收復黃河以南之地的優厚條件。偏安江南的南宋朝廷，原來試圖利用北方戰亂的機會，麾軍北上收復失地，洗去舊日北宋王朝留下的恥辱記錄，沒想到被金軍打得大敗而回，於是抱定隔岸觀火的態度，謹慎守衛邊城，坐視中原大戰。但是，蒙古人的邀請畢竟是誘人的，錯過這一良機，收復北方失地的目標將成為泡影。幾經躊躇之後，南宋君臣改變初衷，決意和蒙古人合作。他們不僅應約派出軍隊北上參戰，還向蒙古軍隊提供了大量的糧草和其他軍用物資。

　　宋理宗端平元年（1234年），金朝在宋、蒙軍隊的夾擊下
滅亡了。以勝利者自居的宋人，馬上發兵收復開封、洛陽、歸德
（今河南商丘市南）三個舊日的都城，準備兌現宋蒙協議中自己應
得的一份。未曾料到，北上的軍隊沒能享受收復失地的喜悦，蒙
古軍隊發起的突然襲擊，使宋軍首尾不能相顧，不得不倉皇南撤。
蒙古人肘腋之患已除，馬上把兵鋒指向江南，宋蒙戰端由此大
開，北騎南獵，險情迭起。

　　一個世紀以前，北宋曾經聯金滅遼，結果是金人在蕩平遼朝
後，大舉南侵，北宋滅亡。現在歷史似乎在重演，只是宋室過了
長江後，已經無路可退了。依仗淮水、漢水一線的軍事重鎮和
四川中部有利的地形，宋人勉強擋住了蒙古軍隊的攻勢，在以後
近四十年間拒敵於大江之北。北人不習水性，不善使船，難以逾
越長江天險，暫時給了宋人心理上的平衡與保障。

　　宋度宗咸淳九年（1273年），江北重鎮襄、樊失守，形勢突
變。次年，二十萬元軍席捲而下，橫渡長江，不熟悉水戰的北人，
居然屢次大敗南宋水軍。兩年之中，宋軍主力損失殆盡，元軍
兵鋒直指南宋首都臨安（今浙江杭州）。指揮這次大戰役的元軍統
帥，是自誓下江南不妄殺一人的丞相伯顏。宋人終於省悟，童謠
中所説的「百雁」，原來就是「伯顏」的諧音，宋朝的滅亡看來是
要應在這個人身上了。

　　那些騎在馬上耀武揚威的北方人，真能夠在江南取代南宋
王朝，建立新的統治秩序嗎？幾百年來，多少人夢寐以求實現中
國的重新統一，但誰會想到，領導實現這一目標的，竟然是來自
朔漠的遊牧民族領袖？困惑的江南人士不得不面對現實，盡快對
國、家和個人的未來命運做出選擇，留給他們的時間已經不多了。

　　正是在這種北喜南憂的氣氛中，神州大地迎來了新的一
年——元世祖至元十三年，即宋恭宗德佑二年，公元1276年。

第一章

北喜南憂

就像一滴水珠可以折射大海的寬廣一樣，歷史的一個瞬間，有時可以蘊含人世滄桑的豐富信息。

正月初一　大都
忽必烈舉行隆重的元正受朝儀式

　　天將破曉，元大都城（今北京）大內正門崇天門下，文武百官齊聚，等待着皇帝升殿，舉行元正受朝儀式。

　　當今大元皇帝忽必烈，是大蒙古國的創建者成吉思汗（元太祖，1206—1227 年在位）的孫子。他的父親拖雷，是成吉思汗正妻孛兒台之第四子。成吉思汗病逝後，按照蒙古人「幼子守產」的傳統風俗，拖雷承擔了「監國」職責，直至新大汗窩闊台（元太宗，成吉思汗第三子，1229—1241 年在位）即位為止。忽必烈出生於成吉思汗十年八月二十八日（1215 年 9 月 23 日），年輕時並不以武功超群而見重於窩闊台汗和其後繼者貴由汗（元定宗，窩闊台長子，1246—1248 年在位）。他對文治的興趣似乎遠遠大於武功，在崇尚騎射的氛圍裡，可算是獨樹一幟了。一批中原和西域的文人、武士，很快被這位特殊的蒙古王子所吸引，他們相互推薦引見，聚集在忽必烈身邊，為他出謀劃策，並推動他把個人業績與天下的命運緊密地聯繫起來。

　　忽必烈的兄長蒙哥繼任蒙古大汗（元憲宗，1251—1259 年在位），既使拖雷家族重掌國家大權，也為忽必烈實現遠大的政治抱

負打開了方便之門。蒙哥汗授命忽必烈總管漠南漢地軍民事務，忽必烈立刻抓住時機，在部分地區進行「文治」試驗。「文治」與「武功」，自然還要相輔相成，尤其對一個蒙古親王來說，「武功」是非常重要的。所以忽必烈又毫不猶豫地接受了蒙哥的命令，率軍遠征，摧垮了在雲南地區立足多年的大理國。忽必烈的成功，引起了蒙哥汗及其臣僚們的猜忌。蒙哥依仗大汗的權威和力量，迫使忽必烈交出兵權；各地的「文治」成果，也被一掃而光。

　　1258 年，蒙哥親率大軍進攻四川的南宋軍事重鎮，企圖佔領四川後浮江而下，滅宋而統一全國。由於督率東路軍配合作戰的蒙古宗王指揮不利，蒙哥不得不重新起用忽必烈，授命他代總東路軍南征。1259 年陰曆七月，蒙哥病逝於合州（今重慶合川區）。忽必烈得到消息後，從容不迫地安排了鄂州（今湖北武漢）一線的戰事後，馬上不失時機地趕回燕京（今北京），為即大汗位做準備。第二年三月十七日（1260 年 4 月 28 日），忽必烈在開平（今內蒙古錫林郭勒盟正藍旗東）即位，成為大蒙古國的第五個大汗。[①]

　　早就「思大有為於天下」的忽必烈，雄心勃勃地準備施展他的抱負。在四月六日頒佈的即位詔書中，忽必烈向全國臣民宣佈：

　　　　朕惟祖宗肇造區宇，奄有四方，武功迭興，文治多闕，五十餘年於此矣。蓋時有先後，事有緩急，天下大

---

① 　據王惲：《中堂事記》（上），《秋澗先生大全文集》卷八〇。《元史・世祖紀》記忽必烈即位時間為三月辛卯（24 日）。王惲以當時人記下的時間應是準確的。元末陶宗儀著《南村輟耕錄》，記忽必烈即位於四月一日戊辰（卷一《列聖授受正統》），顯誤，因當年四月一日為戊戌。

業，非一聖一朝所能兼備也。……爰當臨御之始，宜新弘遠之規。祖述變通，正在今日。[1]

這段話既是對大蒙古國政治的簡短總結，又是對未來治國方略的說明：先祖建國五十餘年，武功顯赫，文治未興。時間有先後次序，事情有輕重緩急，國家大政不是一代天子即能全部解決。所以從我即位開始，就是要確定國家長遠大計；既要承繼先祖業績，又要根據形勢變化，採取新的統治方法。

自成吉思汗建立大蒙古國以來，從未建過年號。當年五月十九日，忽必烈按照中原王朝的傳統做法，建元「中統」，意思就是「中原正統」，以承繼中原的皇統自命。在詔書中忽必烈聲明：

稽列聖之洪規，講前代之定制。建元表歲，示人君萬世之傳。紀時書王，見天下一家之義。……惟即位體元之始，必立經陳紀為先。[2]

也就是說，建立正式年號，與過去的王朝看齊，既是祖宗建國後的重大發展，也是歷來中原王朝的合理繼承。更重要的當然是要推行「文治」，按照中原王朝的傳統制度治理國家，結束原來朝政雜亂無章的狀況。這是「立經陳紀」的核心內容，實質上就是要「效行漢法」。

「效行漢法」，首先要把草原帝國的蒙古大汗，變成中原王朝

---

[1] 《國朝文類》卷九《即位詔》。
[2] 《國朝文類》卷九《中統建元詔》。

的正統皇帝。不但要有「建元表歲」的形似，還要有嚴密皇帝制度的質變。忽必烈依據「祖述變通」原則，糅合蒙、漢制度，為擴張皇權定出了一套新制度。中原人士認為，「要做中國的皇帝，應該按照中國傳統方式行事。最重要的事情，就是祭祀，祭祀則必須有極正規的祖廟」。[①] 忽必烈很快命人設計、修建了太廟，並在至元三年（1266 年）十月對祖宗世系、先帝尊諡廟號和祭祀儀式等做出了明確規定。

　　過去蒙古人稱謂簡單，自上而下，只稱呼小名。為了顯示皇帝的尊嚴，忽必烈引入了中原的避諱制度，於至元九年（1272 年）八月宣佈：「不揀甚麼田地裡，上位的大名字休題者。那般胡題着道的人，口裡填土者。」[②] 皇上的名諱，禁止臣民稱呼，違禁者要受到處罰。在奏章文書中，官員們更要注意迴避御名廟諱。

　　皇帝的詔旨，也有明確規定，由皇帝用「國語」（蒙古語）宣佈的稱為「聖旨」，由文官代寫的（一般是漢文）稱為「詔書」。所有官員的任命，都需有皇帝的宣敕。宣敕用的紙不同，名稱即不一樣。用白紙的稱為「宣」，授給一品至五品的官員；用紅紙的稱為「敕」，授給六品至九品的官員。忽必烈即位後使用的御璽印章，顯示了嚴格的君臣名分等級。忽必烈發佈的詔旨，使用新製成的玉璽，印文為「皇帝行寶」。賜給官員的宣敕，另用專門的印璽，一品至二品用玉璽，三品以下用金璽。蒙古宗王不能使用玉印，一律改用金印或者銀印。各級官府衙門，按品級使用印章，一品用金印，二品、三品使銀印，三品以下全用銅印。

---

① 參見《元朝名臣事略》卷一二《徐世隆事略》。

② 《通制條格》卷八《儀制・臣子避忌》。

　　即將開始的元正朝會，也是皇帝制度的重要內容。忽必烈剛即位時，沒有固定的朝廷禮儀，每到節慶之時，臣僚百姓不分貴賤，匯集在斡耳朵（宮帳）之前。扈衛皇帝的怯薛（護衛軍）討厭人多嘈雜，揮舞大棒驅散人群，但是逐去復來，往往造成一片混亂。太常少卿王磐認為這種亂七八糟的樣子有損大國威嚴，將貽笑於外國使臣。他建議排定百官名次，各按班序，聽從通事舍人的傳呼導引，入殿覲見皇帝，對擾亂次序的人應該嚴懲不貸。忽必烈採納了王磐的建議，建立起嚴格的宮禁制度。

　　至元六年（1269 年）正月，翰林侍讀學士兼太常卿徐世隆進言：「當今四海一家，萬國會同，不能不肅正朝廷禮儀，應該盡早制定百官朝會的禮儀制度。」[1]忽必烈命令太保劉秉忠、國子祭酒許衡等人與徐世隆一同走訪金朝遺老，稽古考典，參以時宜，制定出了一套朝會儀禮，並且選擇十餘名儒生進行演習，百日而成。劉秉忠又請求招集樂工並搜集各種樂器，制定樂章，與儀禮相輔相成，也得到了忽必烈的批准。劉秉忠、許衡、徐世隆等漢人儒士，把禮樂作為改變草原帝國舊風、創立正統王朝的重要尺度，所以力促忽必烈從速實施新制定的朝儀。忽必烈在觀看了儒生表演的朝儀後，表示滿意，應允使用這一套基本上按照過去中原王朝禮儀制度設計出來的朝會儀式。至元八年（1271 年）八月二十八日，忽必烈誕辰之日，正式設立內外儀仗，擺正樂位，百官依制入殿行禮，慶賀「天壽聖節」，儒士的願望終於實現了。從此以後，元正、天壽節日，宗王和外國使臣來朝，冊立皇后、皇太子等，都要一絲不苟地舉行儀式，外地的官員也要按照規定在節日期間舉行慶典。

---

[1]　參見《元朝名臣事略》卷一二《徐世隆事略》。

　　原來蒙古人沒有法定大汗繼承人的制度，新的蒙古大汗要在全體蒙古貴族參加的「忽里台」（大聚會）上選舉產生。這種做法往往在貴族中引起衝突，造成一次又一次的汗位繼承危機。為了解決這個問題，忽必烈採用了中原王朝的「建儲」辦法，於至元十年（1273 年）三月冊立第二子真金為皇太子，其母察必（蒙古弘吉剌部人）也得到了正式的皇后冊封。

　　加強中央集權，建立行之有效的中央和地方的統治機構，是擴張皇權和保證國家長治久安的必要措施，自然也是「效行漢法」的重要內容。在漢人儒士的幫助下，忽必烈先後設立了中書省、樞密院、御史台等中央機構，並建立了相應的地方機構。

　　中書省又稱為「都省」，設立於中統元年（1260 年）四月，是總管全國政務的機構。中書省名義上的最高長官是中書令，由皇太子真金兼任。蒙古人以右為上，中書省設右丞相和左丞相，右丞相是都省的實際最高長官。丞相之下，設平章政事、右丞、左丞、參知政事等職務。這些職務，都算是「宰執之臣」。由於丞相有時只設一員或者不設，所以平章政事往往起着很重要的作用。中書省內，還設有參議中書省事及左司、右司的郎中、員外郎、都事等職務，作為一般的執事官員。

　　中書省之下，原來設置左三部（吏、戶、禮）和右三部（兵、刑、工），後來分建吏、戶、禮、兵、刑、工六部，各部置尚書、侍郎等官員。吏部掌管全國官員的選拔任用，戶部管理戶口、錢糧，禮部執掌禮樂、祭祀等事務，兵部負責驛站、屯田、畜牧等政務，刑部掌刑法，工部負責工役造作。

　　樞密院設立於中統四年（1263 年）五月，是掌管全國軍政的機構。和中書省一樣，樞密院名義上的最高長官樞密使也由太子真金兼領。樞密院原來的實際長官是樞密副使。至元七年（1270 年），

在副使之上增設同知樞密院事一員，作為樞密院的實際最高長官。樞密院負責籌劃軍事行動、管理軍隊並且為軍隊提供後勤保障。軍官的選擇任用和升遷賞罰，不通過中書省的吏部，而由樞密院負責制定有關規定和具體實施。

御史台又稱為「中台」，建於至元五年（1268 年）七月，設御史大夫、御史中丞、侍御史、治書侍御史等官職，御史大夫是御史台的最高長官。作為中央監察機構，御史台負責糾察各級官員的不法行為，承擔着肅正風紀的重任。忽必烈曾說：「中書省是我的左手，樞密院是我的右手，御史台則是專為我醫治兩手的。」[①]

御史台下設殿中司和察院。殿中司置殿中侍御使，負責糾罰朝會、奏事失當者；察院設立監察御史多員，專司舉報官員的各種不法事宜。

地方的行政機構，原來設燕京、益都濟南、河南、北京、平陽太原、真定、東平、大名彰德、西京、京兆等十路宣撫司，後來改為十路宣慰司，分管各路的府、州、縣。對軍政系統也加以改革，先設立了山東、河南、陝西、四川等統軍司，不久又將統軍司改為行樞密院或者行中書省，直接指揮各地軍隊作戰。御史台也在地方設置了相應的監察機構，稱為提刑按察司，簡稱憲司或監司。

在十餘年內增加如此多的機構，自然需要大量的官員。忽必烈沒有實行科舉考試取士制度，從皇帝的護衛軍「怯薛」中，選拔出大批朝廷文武大臣，人們習慣地稱為「怯薛入仕」；原來為忽必烈效力的儒士，向朝廷推薦了一批文人和舊官吏，擔任中央和地方機構的中下級官員、吏員。地方長官還通過「承制宣署」（代表

---

① 參見葉子奇：《草木子》卷三（下）《雜制篇》。

皇帝任命官員）和「自行辟署」（自己徵召官吏）兩個途徑，選任了
大量官吏。從各級官衙的具體辦事人員吏中，也提拔了一些人出
任各級官員，人們習慣地稱之為「吏員出職」。官吏不但要有比較
充足的來源，還要有較好的素質，忽必烈很快規定用戶口增、田
野闢、詞訟簡、盜賊息、賦役均五事」來考核地方官員。經過數
年努力，北方的行政管理逐漸步入正軌，與過去的「政出多門」已
經不可同日而語。

　　為了更突出中原王朝的形象，至元八年十一月十五日（1271 年
12 月 18 日），忽必烈把「大蒙古國」國號改為「大元」。「元」取
自《易經》的「乾元」，意思是「極大」，表明本朝的疆土，超過了
以前所有的王朝。

　　雄偉壯麗的大都城，也是忽必烈「效行漢法」的產物。成吉思
汗建立大蒙古國後，仍然保持着遊牧民族「逐水草而遷徙」的習俗，
以大汗的斡耳朵為中心，國家大事都在斡耳朵內協商解決。金朝滅
亡的第二年（1235 年），窩闊台汗在漠北斡兒寒河（今蒙古國鄂爾
渾河）畔修建哈剌和林城（簡稱「和林」），作為都城。就當時形勢
而言，這一選擇無可非議，因為漠北是大蒙古國的發祥地，被視為
帝國統治的重心所在。但是，隨着時間的推移，中原地區的地位越
來越突出，連一些蒙古貴族都已經意識到在漠北建都，很難有效地
控制中原廣大地區。忽必烈即位以前，蒙古札剌兒部人霸突魯曾向
他進言：「幽燕地區，龍蟠虎踞，形勢雄偉，南可控制江淮地區，北
可聯結漠北草原。作為一朝天子，應當位處中央而接受來自四方的
朝覲。大王要想有作為於天下，就一定要以燕為常駐場所。」[①]

————————

① 　參見《元史》卷一一九《木華黎傳》。

　　忽必烈入繼大統之後，臣僚又紛紛建議遷都城於燕京，最有代表性的是漢人謀士郝經的意見。他認為燕京東面控扼遼東地區，西面與山西地區相連，背靠大山雄關，面對黃河以北的大平原，如此優越的地理位置，是皇帝統治天下的中心所在，理應在這裡建立都城。忽必烈要立新圖治，以中原為根基開創帝業，決意擯棄哈剌和林，移都燕京。至元元年（1264 年）八月十四日，忽必烈將燕京改名為中都，至元九年（1272 年）又改名為大都。

　　都城的修建，始於至元四年（1267 年）正月，七年後宮闕竣工，全城的建造工作也即將完成。環城六十里的城牆共開了十一個城門：南面是文明門、麗正門、順承門，北面是健德門、安貞門，東面為光熙門、崇仁門、齊化門，西面有平則門、和義門、肅清門。為甚麼這樣整齊的略呈長方形的城市，東、南、西各有三座門，北面只有兩座門呢？原來大都的設計者劉秉忠用了哪吒三頭六臂兩足的傳說，以南面三門象徵哪吒的三頭，東面三門和西面三門象徵六臂，北面的兩門象徵兩足。大都全城可住百姓十萬多家，堪稱江北第一大城。來自西域的人把這座新城稱為「汗八里」，意思為「汗城」，也就是皇帝之城。

　　城市的佈局是根據《周禮·考工記》所稱「左祖右社，面朝背市」的原則設計的，城門與宮殿也多參照《易經》命名。這也是忽必烈「儀文制度，遵用漢法」的重要標誌。大都城內，皇城坐落在南部偏西的位置，由周圍二十里的「蕭牆」環繞，開有十五座紅色城門。在京之人，通常稱蕭牆為「闌馬牆」。闌馬牆之外，密植參天大樹，更增加了皇城威嚴的氣派。由於宮禁森嚴，一般百姓是難以接近皇城的。

　　皇城的正門是南牆正中的欞星門，此門正對大都城南牆的麗正門。兩門之間是宮廷廣場，左右兩側有「千步廊」（實際七百

步）。在皇城正門前方設置廣場，是建築設計上的突破，別具匠心。它加強了從都城正門到宮城正門間的建築層次和序列，使宮闕佈局更為宏偉。

櫺星門內數十步，金水橋上架「周橋」三座，白石雕成，龍鳳祥雲，明瑩如玉。環繞着白玉石橋的，是萬株鬱鬱高柳。過橋約行二百步，就是宮城正門崇天門了。

宮城坐落在皇城東部，呈長方形，「周回九里三十步，東西四百八十步，南北六百十五步」[①]，人們常稱之為「大內」。宮城城牆 35 尺高，用磚砌成，開設六門。南牆中央的崇天門，高達 85 尺，東西長 187 尺，深 55 尺，門上有樓，下開五門，兩端突出，各建有角樓。崇天門左右是星拱門和雲從門。東、西、北宮牆各有一門，分別為東華門、西華門和厚載門。各宮門都是金鋪、朱戶、丹楹、藻繪、彤壁，用琉璃瓦裝飾檐脊，既華麗又莊嚴。崇天門又叫午門，是皇帝頒發詔旨的地方。

宮城中的正殿大明殿，是皇帝正旦、壽節舉行朝賀禮儀的地方，也是忽必烈與蒙古宗王、群臣會集議事和接見外國使節的主要場所，所以人們又習稱之為「長朝殿」。全殿東西長 200 尺，深 120 尺，高 90 尺。大殿正門為大明門，左右有日精、月華兩門。殿前台基分為三級，拾級而上，可見環繞台基的龍鳳漢白玉欄柱，欄柱下伸出鰲頭，蔚為壯觀。殿中建築極為考究，地面用來自浚州的花斑石鋪成，經過核桃打磨後，光潔如鏡；丹楹（殿柱）都是方柱，大柱的直徑達五六尺，裝飾着起花金龍雲；楹上分間，仰為鹿頂斗拱，頂上盤着黃金雙龍；大殿四面都是朱瑣窗，繪金並飾以燕石。

① 陶宗儀：《宮闕制度》，《南村輟耕錄》卷二一。

　　大明殿內的陳設，大體保持蒙古舊俗。中央設置重陛朱闌的
「山字玲瓏金紅屏台」，台上放置一張「七寶雲龍御榻」。御榻，實
際是金裹龍頭的「胡床」，是蒙古皇帝慣用的座床。榻上鋪着白蓋
金鏤褥，並排擺放皇帝和皇后的座位，兩旁各有一張色彩斑斕的
猛虎毛皮，栩栩如生。御榻兩側，放着數排「座床」，供宗王和臣
僚就座。

　　如此氣魄宏偉的都城和宮殿，顯示了大元王朝皇帝的威嚴，
自然使舊日的斡耳朵和草原都城相形見絀。草原帝國的歷史已
經結束了，但是，忽必烈並不想讓子孫忘記創業的艱難，他特地
命人從漠北成吉思汗的故鄉移來一簇莎草，種在大明殿外的台基
上，稱之為「誓儉草」，要後世子孫「莫忘龍沙汗血功」。

　　到了上朝的時間，年過六旬的忽必烈，在一大群侍從的簇
擁下，步入大明殿，與皇后察必一同坐在御榻上。在他的左側，
一位武士手持一把二尺來長的斧子，肅立朝堂。這把斧稱「劈正
斧」，用蒼水玉造成，據說是從殷商時代流傳下來的古物。右側站
着身軀高大的「鎮殿將軍」，肩負「骨朵」（大頭木杖），腰佩環刀，
警惕地注視着殿內，以防不測。

　　忽必烈當今最關心的問題，是伯顏指揮的大軍何時能夠攻入
臨安，擒拿南宋趙氏皇族，奏凱北還。說起渡江作戰，不得不提
到去世一年的劉整。劉整原籍鄧州穰城（今河南鄧州），金朝滅亡
後南下投宋，因為善騎射、多謀略而得到宋京湖制置使孟珙的賞
識，擢拔為將領。中統二年（1261 年），劉整不堪忍受宋將呂文
德等人的排擠，率部投向蒙古。至元四年（1267 年）十一月，劉
整入朝向忽必烈提議：「宋人立國於一隅，現在皇帝幼弱而大臣離
心，正是我朝統一天下的大好時機。我願效犬馬之勞，率領軍隊

先攻克襄陽，掃除宋人的北方屏障。」[1]

朝中多數大臣認為，剛平息了由阿里不哥、李璮引起的內亂，[2] 國家需要休整，不宜出兵攻打南宋。劉整繼續勸道：「自古以來的帝王，不統一天下，使四海一家，就不能成為正統。我朝已佔有天下的十之七八，為何置一隅之國而不問，自動放棄正統呢？」忽必烈本人早有統一天下的宏願，因內亂而造成的不安因素已經消失，北方政局如日中天，江南朝廷則是日薄西山，發兵南下的條件已然成熟。所以他採納了劉整的意見，決定發兵攻宋軍事重鎮襄、樊，實施中路突破的戰略，在宋人的江北防線上打開缺口後可長驅直下，突破長江天險。指揮軍隊的任務就交給了劉整和蒙古兀良合台部人阿朮。阿朮曾隨忽必烈遠征大理，又多年在黃、淮之間指揮軍隊與宋軍對峙，有豐富的經驗。

在襄陽激戰的時候，劉整已經為大軍渡江作戰做準備了。他與阿朮商議：「我軍騎兵、步卒優良，所向披靡，只是水戰不如宋軍。如能奪其所長，造戰艦，練水軍，必然能獲成功。」阿朮也有同感，他們向朝廷建議，盡快組編水師。至元七年（1270 年）三月，忽必烈批准了建造戰艦五千艘、教練水軍七萬人的計劃。劉整日夜操勞，訓練水兵，遇到雨天不能外出，就在地面上畫出船形，進行模擬演習。就這樣訓練出七萬幹練的水軍士卒，並擁有了一批優秀的水軍將領。

---

[1] 參見《元史》卷一六一《劉整傳》，下文涉及劉整事出處同此。

[2] 忽必烈即位，其弟阿里不哥也在漠北稱汗，忽必烈派軍北征，至元元年（1264 年）阿里不哥投降。中統三年（1262 年），李璮在山東起兵，反抗朝廷，忽必烈調軍圍剿，李璮兵敗被殺。

　　擅長騎戰的蒙古軍隊有了水軍助力，如虎添翼。至元十年（1273年）正月，阿朮、劉整軍攻破樊城，襄陽守將呂文煥獻城投降，南宋的防禦體系被突破。四月，劉整再度入朝，向忽必烈建議：「襄陽失守，臨安動搖。若乘此良機派水軍長驅南下，長江則不再為宋所有。」他的建議引起爭論，有人認為時機已經成熟，可以乘勝席捲三吳，勢如破竹；有人則認為滅宋準備工作尚未完成，不能孤注一擲。朝廷中的不同看法，使忽必烈難以下最後的決心。

　　至元十一年（1274年）正月，鎮守襄陽的畏兀兒族將領阿里海牙還朝奏事，力促忽必烈早下決心。他說：「襄、樊一帶自古以來就是用武之地，現在我軍已經佔據漢水上游，順流而下，長驅直入，宋朝必然滅亡。」剛從淮東返回的阿朮同意阿里海牙的意見，他指出：「我久在軍隊中，觀察到宋軍比過去疲弱，滅宋而統一天下，眼下是最適合的時候了。」[1] 忽必烈召中書省相臣計議，仍有人反對，久議而不決。阿朮又上言道：「當今聖主在位，不南伐消滅那個混亂的小朝廷，恐怕日後再興大軍，會難於今日。」[2] 忽必烈急召老臣史天澤入殿，問以對策。史天澤認為：「這樣的國家大事，可以任命朝廷重臣一人，或者中書省右丞相安童，或是同知樞密院事伯顏，統領大軍，四海混同，指日可待。我已經年老，只能出任副將了。」[3]

　　史天澤是漢人，已經年過七十，自成吉思汗時起五十餘年間出將入相，功勞卓著，深受忽必烈信任，雖因年邁多病，不能繼續擔任朝廷要職，仍被忽必烈委以參與省、院、台大事的特權。

---

① 參見《元史》卷八《世祖紀五》。

② 參見《元朝名臣事略》卷二《阿朮事略》。

③ 參見《元史》卷八《世祖紀五》。

阿朮更是忽必烈的愛將。他們的話，對忽必烈影響頗大。三月，忽必烈下令設荊湖、淮西二行省，分統諸軍南下。八月，史天澤又進言：「現在大兵南下，荊湖、淮西各建行省，地位不相上下，必然不能統一號令，影響大局。」[①] 忽必烈採納了史天澤的意見，改荊湖行省為河南等路行中書省，作為指揮南征軍隊的最高機構，以伯顏、史天澤為左丞相，阿朮為平章政事，阿里海牙為右丞，宋降將呂文煥為參知政事。淮西行省降為行樞密院，由河南行省節制，由合答、劉整、董文炳等主持。大軍二十萬，分路而下。

九月大軍出發後，捷報頻傳。劉整想親自率軍渡江，建立頭功，被合答所阻，不能實現。至元十二年（1275 年）正月初六，伯顏率軍擊潰宋水師的堵截，順利渡過長江，攻佔鄂州。劉整得到消息，不禁失聲歎道：「首帥阻止我建立功勳，使我不能先成功於他人，果真是善作者沒有善成！」當天，劉整即因憂憤、惋惜交加而死。一個月後，扶病北還的史天澤去世。在決策攻滅南宋方面起過重要作用的兩個人，未能目睹最後的戰果。

時至今日，伯顏自領水陸大軍，順流而東，直趨臨安；阿朮駐兵瓜洲，阻抗淮東宋軍回援都城；阿里海牙則在潭州（今湖南長沙）城下鏖戰。忽必烈正急迫地等待着來自前線的消息。

大明殿上，三聲鳴鞭。遠處雄雞高唱，站在殿東樓上的司辰郎高叫「晨雞已鳴」，樓下的另一個司辰郎急忙手捧牙牌，入殿跪報「天已破曉」。這兩個「雞人」或稱「唱雞人」的報時，宣佈了元正朝會的開始。在崇天門下「待漏」的文武官員，分左、右從日精門、月華門依序走進大殿，向忽必烈叩拜，山呼萬歲。

---

① 參見《元史》卷八《世祖紀五》。

正月初一　潭州
元軍克城，南宋守將李芾全家自盡

　　同樣是拂曉，潭州城內州衙熊湘閣上，南宋知潭州兼湖南安撫使李芾正與幕僚賓客一起飲酒待旦。遠處廝殺之聲不絕於耳，近處號哭之聲陣陣傳來。已經堅守了七十天的潭州城，到了最後關頭。

　　昨日，也就是除夕，元軍蜂擁般登上城牆，勢難再擋。與李芾共同守城的知衡州尹穀，知道已無回天之力，先與妻、子訣別道：「我以一介寒儒，受國家恩典，掌管一州，應當守義盡忠，你們也要同我一道報效國家。」[1]他要妻、子與他一起殉節，為了接續尹氏香火，準備讓弟弟岳秀逃出去。但是岳秀泣而不去，堅決請求共同赴難。尹穀積乾柴於居室周圍，身穿朝服，望臨安方向跪拜後，燒掉歷官告身，縱火自焚。鄰居趕來搶救，無奈火焰熾烈，無法近前，只遙見尹穀在烈焰中正冠執笏端坐，泰然就義。尹氏全家老小均焚於一處。李芾聞訊，慨歎道：「好一個尹務實，

---

[1]　參見《宋史》卷四五〇《忠義五·尹穀傳》。

真正是男子漢！」務實是尹穀的號。

尹穀就是潭州人。宋朝以詞賦取士，他作賦必求典雅，每出一篇，士人爭相傳誦。尹穀中年考中進士，授官後因家喪返回故里，教授生徒。他對所教諸生，要求很嚴，尤其重視禮節和冠服。潭州士人重視學業，州學生每月考試，積分高者升為湘西嶽麓書院生，再高者升為嶽麓精舍生，所以被人們稱之為「三學生」。潭州被圍，「三學生」依然聚於州學，不廢學業。尹穀死後，數百學生趕來哭奠。

李芾是衡州人，度宗咸淳元年（1265 年）知臨安府，因為觸怒權相賈似道而被罷職。去年二月，賈似道兵敗丁家洲，朝廷恢復李芾官職，任潭州帥臣。這時，湖北州郡大多已經被元軍所佔，好友勸李芾不要前往潭州，如果非去不可，也應該留下家眷，隻身赴任。李芾謝絕了朋友的好意，說：「我難道不懂為自己考慮嗎？因為世受國恩，雖遭貶職尚常思報國；現在我有幸為朝廷所用，就是要以家許國！」[1]

七月，李芾攜家至潭州，州內兵丁絕大多數已被調往臨安，只留下士卒四百五十餘人，一半以上是老弱病殘者。元軍游騎已進入州境，形勢緊迫。李芾緊急召募民丁近三千人，修城儲糧，命令劉孝忠統率諸軍，訓練鄉勇，又留下從四川、湖北來潭州的戰將吳繼明、陳義等共同守城。

自大軍渡過長江之後，伯顏分兵四萬，交給阿里海牙指揮，屯駐鄂州，以保證東進軍隊無後顧之憂。阿里海牙沒有坐失良機，主動出軍經略荊湖。他率軍溯長江而上，先在洞庭湖口敗宋軍，

---

[1]　參見《宋史》卷四五○《忠義五・李芾傳》。

攻下岳州（今湖南岳陽）；繼於至元十二年（1275年）四月初六抵江陵（今湖北荊州）城下，招降宋守將朱禩孫、高達等。消息傳到大都，忽必烈非常高興，大宴慶賀三天。忽必烈對左右說道：「伯顏領軍東行，阿里海牙以孤軍戍守鄂州，我很是擔憂。假如荊湖和四川的宋軍聯合，順流而下，鄂州剛入我手，人心不穩，必將有人內部策應，使我軍根本動搖。誰知『小北庭人』居然能夠領軍攻佔全部荊湖地區。江浙的南宋朝廷，聽到這個消息，必然膽破心驚，我東出之兵不再有後顧之憂了。」[1] 畏兀兒人阿里海牙常被忽必烈稱為「小北庭人」，以示愛暱。

五月，阿里海牙返回鄂州，準備向湖南進軍。忽必烈特別詔諭宋降將高達：

> 昔我國家出征，所獲城邑，即委而去之，未嘗置兵戍守，以此連年征伐不息。夫爭國家者，取其土地人民而已。雖得其地而無民，其誰與居。今欲保守新附城壁，使百姓安業力農，蒙古人未之知也。爾熟知其事，宜加勉旃。湖南州郡皆汝舊部曲，未歸附者何以招懷，生民何以安業，聽汝為之。[2]

忽必烈要利用南宋降將，採取攻心和安民策略，使軍事行動早日結束。他告誡高達：爭國家就是為了取其土地和人民，現在

[1] 參見姚燧：《湖廣行省左丞相神道碑》，《國朝文類》卷五九。
[2] 《元史》卷八《世祖紀五》。

需要保住新佔據的城池，使百姓安居樂業，專心務農，而蒙古人沒有這方面的經驗。你熟悉情況，應該有所作為。湖南州郡守將，都是你的舊部下，應該如何招降，使他們歸順，如何安撫百姓，都由你來措辦。

　　高達不敢怠慢，得旨後馬上派人前往湖南招降州縣守臣，潭州自然首當其衝。李芾不予理睬。九月，元軍圍潭州城。李芾登上城樓，指派諸將分守要處。城中百姓不分老弱，自動結成部伍，幫助軍士守城。十月，阿里海牙抵潭州城下，射書城內，希望李芾以生靈為重，免屠城之災，從速開門投降。李芾還是不予理睬。阿里海牙麾軍攻城，劉孝忠等率軍奮戰，李芾冒矢石前後往來督戰，元軍進攻屢次受挫。城中箭矢用盡，李芾號召州民獻出羽扇，修理無羽舊箭，百姓立即響應。城中儲鹽也已耗盡，李芾下令焚燒鹽庫舊蓆取鹽，勉強供給。

　　由於李芾經常以忠義激勵將士，親自安撫傷員，弔唁死者，所以雖然城內軍民死傷枕藉，州人仍然憑城死戰，鬥志不減。經過大小數十次戰鬥，兩月有餘，元軍屯兵潭州城下，不能破城。阿里海牙大怒，下令萬戶、千戶、百戶等軍官，必須身先士卒，率眾登城，退卻者軍法從事，限定三日內破城，阿里海牙親自督戰。除夕這天，戰事最為激烈，阿里海牙被流矢所傷，不顧傷重，督戰更急；副將賈文備雖受炮傷，依然率軍奮力登城，潭州城在元軍如此猛烈的攻擊下，終於被攻破了。

　　事已至此，李芾難挽敗局，入夜後親筆寫下「盡忠」二字，作為殘存軍隊夜晚的號令，鼓勵軍民與元軍展開巷戰。他自己則留賓客僚佐，會飲於熊湘閣。清晨，眾人辭出，李芾端坐熊湘閣上，下令積柴閣下，召家屬十九人同聚閣上。李芾對部下沈忠説道：

「我已力竭，當死於今日，我的家人亦不能忍受俘虜之辱，你把他們都殺死，然後來殺我。」①沈忠伏地叩頭推辭，李芾嚴命他立刻照辦。沈忠慟哭應允，取酒給李芾家人暢飲，待他們喝醉後一一殺死，李芾也引頸受刃。隨後沈忠縱火燒閣，回到自己家中，殺死妻子，復至李芾盡忠處大哭一場，自刎身亡。

　　盡忠的不僅僅是州官及其家屬。參議楊霆跳入園池自盡。都統陳義、轉運使鍾蜚英等自殺。「三學生」多人死節。城中居民，也多舉家自盡。城內的每口井裡幾乎都有屍體，縊死於林木者比比可見。吳繼明、劉孝忠向元軍投降，阿里海牙等入城。

　　按照蒙古人的傳統做法，凡守城拒降、使軍隊蒙受損失，城破後都要「屠城」，城中居民除工匠外都要處死，並且可以縱容軍人肆意擄掠。潭州近三個月才被攻破，自當「屠城」，入城諸將亦請求放縱士兵擄掠殺戮。行省郎中和尚向阿里海牙進言：「抗拒我軍的是南宋將領，州民有何罪過？既然已經投降，都是我朝百姓了，怎能忍心殺戮。況且湖南未下州城很多，聽說我們濫殺降者，必效忠死守而不降。」②左丞崔斌也贊同和尚的意見。阿里海牙雖然在攻城時負傷，也還記得「將士毋得妄加殺掠」的命令，這是忽必烈在至元十一年六月十五日（1274年7月20日）發出的《興師征南詔》中宣佈的。伯顏等人南下前，忽必烈又以「北宋曹彬不嗜殺人，一舉而定江南」諄諄告誡。於是，阿里海牙決意網開一面，特別下令：

---

① 參見《宋史》卷四五〇《忠義五・李芾傳》。

② 參見《元史》卷一三四《和尚傳》。

> 國家為制，城拔必屠。是州生齒繁夥，口數百萬悉
> 魚肉之，非大帝諭伯顏以曹彬不殺旨也。其屈法生之。[①]

　　也就是說，按照國家制度，此城當屠，但是這裡有數百萬百姓，如果全部坑殺，違反了皇帝不殺降人的旨意，所以應該不按舊制辦事，給民眾以生路。阿里海牙很快出榜安民，禁止軍卒殺人搶掠，並且開倉放糧，救濟飢民。潭州恢復了平靜。阿里海牙隨即派人前往湖南各州郡，招徠未降附者。

---

① 　姚燧：《湖廣行省左丞相神道碑》，《國朝文類》卷五九。

正月初一　臨安
南宋君臣求和不成，元軍兵臨城下

　　就在潭州守將因城破而自盡殉國的時候，臨安城中的南宋朝
廷正為乞和不成而焦慮萬分。派往伯顏軍中的求和使者，已經去
了十幾天，至今未回。太皇太后謝道清怎麼能不着急呢？當今的
大宋皇帝趙㬎，咸淳十年七月初九（1274 年 8 月 12 日）即位時還
不足四歲，朝中大臣請出六十五歲的謝太后臨朝稱制、垂簾聽政，
尊為太皇太后。謝太后年老多病，不能到正殿上朝，她居住的慈
元殿就成了大臣入見議事的主要場所。

　　自趙㬎繼位以來，形勢越來越壞。謝太后原來倚重權臣賈似
道，現在則依靠陳宜中。賈似道雖然已死，但今天朝廷仍然吃着
他種下的苦果。

　　宋理宗景定元年（1260 年），率軍增援鄂州的賈似道奏報擊
敗了忽必烈的南下之師，受到理宗褒賞，他很快成了朝廷的「獨
相」，掌管全部朝政。其實，賈似道「成功」的秘密是他暗中派宋
京與忽必烈議和，許諾宋廷向蒙古稱臣，每年納銀二十萬兩、絹
二十萬匹給蒙古，作為「歲幣」。雙方達成協議後，蒙古軍北撤，
賈似道派兵襲擊蒙古軍斷後士卒，以所得俘虜向理宗報捷。忽必

烈即位，派郝經為國信使，來催索歲幣。賈似道恐怕事情敗露，
拘留郝經於真州（今江蘇儀徵）。

　　理宗死後，度宗趙禥即位。由於趙禥被立為太子是賈似道努
力的結果，所以他自恃「定策功」，更加專橫。在度宗的特許下，
賈似道住在西湖葛嶺館閣中，可以不到官衙理事，而是由官吏將
各種文書送到他家裡呈閱和批示。賈似道每五天入朝一次，後來
又改成六天一次，入朝時見皇帝不拜，退出時皇帝反倒起立目送。
賈似道雖然深居簡出，縱情享受，但是朝廷內事無巨細，都要向
他報告。當宋軍在襄、樊與元軍鏖戰之際，賈似道沉溺於與群妾
鬥蟋蟀取樂，諂媚者竟稱這是「軍國重事」。

　　在賈似道的淫威下，朝廷官員或者迎合奉承，或者緘口不語。
凡是言行不利於賈似道的人，都被罷職逐出朝廷，於是言路斷絕，
朝堂上聽到的全是歌功頌德之語，邊情危急均被隱蔽。只有個別
勇敢正直之士，敢於冒犯賈似道的「虎威」。如京湖安撫制置使
汪立信，曾上書賈似道，斥責他緩急倒置，不以社稷大計為重，
並且指出當前國家面臨策略選擇：上策是調集內地精兵沿長江佈
防，抗擊即將大舉南下的元軍；中策是放郝經歸國，促成和議，
暫緩元軍攻勢，爭取時間重整邊防；下策則是束手待降。賈似道
得書後暴跳如雷，大罵汪立信「瞎賊狂言」（汪立信患有眼病），將
汪立信罷職。待到趙㬎即位，賈似道剛辦完母親的喪事，還在忙
於酬酢，國事、邊事依然擱置一邊。謝太后無可奈何，而元軍已
經南下突過長江了。

　　失去了長江天險的屏障，南宋君臣不得不面對現實，宋元兩
軍的決戰已經不可避免。賈似道雖然一再拖延，終於在朝臣的壓
力下，於德佑元年（1275 年）正月親自督率精兵十三萬北上迎敵。
宋軍陣勢浩大，舳艫相接百餘里，但是主帥賈似道心虛得很。他

派宋京等人前往元軍營議和，伯顏要求賈似道親自到營中來商議，或者雙方軍隊決戰，以定勝負。賈似道求和不成，又無戰心，宋人優勢全失。二月二十一日（3月19日），元軍在丁家洲發起猛烈攻擊，賈似道倉皇失措，未曾迎戰即鳴鑼退兵，宋軍大亂，潰散而逃。賈似道這時才想起了汪立信的獻策，他對汪立信哭訴：「就是因為沒有聽你的話，才落到如此地步。」汪立信則答道：「瞎賊今天再說一句吧。現在江南已經沒有一寸乾淨土地，我要尋找一片趙家地去死，死個分明。」①

賈似道逃到揚州，上書謝太后請求遷都，謝太后不同意。陳宜中等人要求誅賈似道以謝天下，謝太后仍念似道「勤勞」於三朝皇帝，不予應允，只是將他貶職，送往循州（今廣東河源龍川縣）安置。賈似道遭貶，仍要帶侍妾數十人同行，被奉命押解他南下的鄭虎臣悉數逐走。八月，賈似道至漳州，鄭虎臣數次暗示他自殺，似道尚想偷生，聲稱太皇太后許他不死。鄭虎臣自稱「為天下殺似道，雖死無憾」，將賈似道處死。②

除掉了賈似道，朝政並未因此而有轉機。京官和各地守臣眼見大勢已去，紛紛棄職逃走。謝太后惱怒焦急，命人貼榜於朝堂之上。榜上寫着：

> 我國家三百年，待士大夫不薄。吾與嗣君遭家多難，爾小大臣不能出一策以救時艱，內則畔官離次，外則委印棄城，避難偷生，尚何人為？亦何以見先帝於地下乎？③

① 參見《宋史》卷四一六《汪立信傳》。
② 《宋史》卷四七四《奸臣四‧賈似道傳》。
③ 《宋史》卷二四三《后妃下‧理宗謝皇后傳》。

　　謝太后用榜文責備群臣：國家立國三百年來，給士大夫以優厚待遇。現在國難當頭，你們這些大臣小官不能出謀劃策拯救國家，內有京官離職，外有地方官棄城，避難偷生，難道就這樣做人嗎？這樣的作為，還有甚麼臉面去見先帝於地下？

　　謝太后怒罵群臣，實際上等於指責先帝，因為這是大宋開國皇帝趙匡胤留下來的遺產。趙匡胤為了消除藩鎮割據的威脅，疏遠、壓制武人，標榜「以儒立國」。重用文士被定為大宋的國策。通過科舉考試取得出身的文士，高官厚爵，掌握國家命運。但是大多數文士熟悉的只是詞賦文章，對治國理政、富國強兵幾乎一竅不通，只能不切實際地空發議論，坐而論道。加之文人相輕，互相攻訐，黨爭此起彼伏，朝廷不得安寧。宋人始終面臨北方強敵，在軍事上總是處於劣勢，縱有幾位勇將，也被朝廷中的文官所限制，不能有所作為。到了關鍵時刻，崇尚高談闊論的文士們，或者繼續相互指責，推諉責任；或者痛哭流涕，不知所措，難得有人獻計獻策。無計可施又不願為國捐軀，只能一走了之。

　　文士的低能造成了國家的軟弱，軟弱的國家豢養冗官和冗兵，委曲求全自然成為佔主導地位的處世哲學。宋人已經委曲過多次了，對遼，對金，甚至對西夏，都曾經用「歲幣」換取和平。金錢絲帛比軍隊管用，反正用不着大臣們掏自己的腰包。努力作戰要受人排擠，弄不好還要丟掉腦袋；白送錢帛給「敵國」，倒是會受到君主的稱讚。儘管有人感到這種做法恥辱，但是身居要職的文臣們滿足於保守、安逸的現狀，他們謹守舊有的模式，除此之外，沒有良計可施。可是眼下連這樣委曲求全的機會似乎也沒有了。

　　繼賈似道之後出任相臣的人，也確實是一批無能之輩。紹興新昌人王爚，年老多病，不願管事；衢州人留夢炎和永嘉人陳宜中，整日坐而論道，爭風吃醋；還有分寧（今江西修水）人章鑑，

別人説甚麼他都迎合，被士大夫們稱為「滿朝歡」。

　　自在江南立國以來，宋廷設尚書省，和中書、門下兩省合為一體，管理全國政務，樞密院掌管全國軍政。尚書省設左、右丞相，中書門下省設參知政事，同為宰輔。按照習慣做法，首相兼昭文館大學士、監修國史，次相兼集賢殿大學士；如置三相，則分別兼昭文館大學士、集賢殿大學士與監修國史。宰相之上，有時還置平章軍國重事，用來尊崇朝廷重臣，賈似道曾任此職。左、右丞相，按定例兼任樞密使或知樞密院事，參知政事兼任同知樞密院事，朝廷的軍政大權，實際上合而為一，所以尚書省丞相的地位，特別重要。

　　王爚和章鑑先分任左、右丞相，兼樞密使；陳宜中任同知樞密院事，兼參知政事。丁家洲兵敗後，章鑑找藉口溜出臨安，謝太后以陳宜中為右丞相，兼樞密使，罷章鑑職。王爚屢次請求罷職去官，謝太后不允許。不久，升王爚為平章軍國重事，陳宜中為左丞相，留夢炎為右丞相。王爚馬上讓出了丞相府給陳宜中，陳宜中則認為如此接替，會受到天下人譏笑，也要離開朝廷。謝太后幾次派人去強留，才勉強繼續任職。

　　身為丞相的陳、留二人，都不敢出臨安指揮軍隊迎戰元軍，受到王爚等人指責，更有人攻擊陳宜中暗中保護賈似道，擅專朝政，將比賈似道更有害於國家。陳宜中正好下台，不辭而別，離京出走。謝太后屢次派人去請他回來，並且罷免了王爚的平章職務，還是不能奏效。最終還是謝太后通過陳宜中的母親幫忙，才把陳宜中請回來。這次，陳、留二人的位置倒了過來，留夢炎任左丞相，陳宜中任右丞相，可是很快留夢炎又溜了，至今召不回來。堂堂大宋王朝，居然沒有一個敢於負責任的首相，着實令人寒心。

　　勤王的詔書早就發往各地了，起兵而來的只有寥寥可數的幾個人，其中贛州知州文天祥與和州防禦使張世傑兩人精神尤其可嘉。文天祥聚眾起兵，以家資為軍費，準備北上赴援都城。有人勸他：「現在敵兵分三道而來，直搗內地，你以一群烏合之眾北上拒敵，無異於驅羊群入虎口。」文天祥回答道：「我當然考慮過這種結果。但是，國家養育臣民三百多年，國難當頭，徵召天下軍隊入援，居然沒有一兵一騎入關，實在可恨。所以我自不量力，不過是要以身殉國，希望天下忠臣義士會聞風響應。義勝者謀立，人眾者功成，只有這樣社稷才能保全。」[1]

　　可惜文天祥這番忠心未被陳宜中之輩理解。他們居然把文天祥的義舉視為「猖狂」，斥之為「兒戲」，並且阻擋他率軍進入臨安，直到十一月文天祥才被召進都城。張世傑率軍來得很快，所以被倚為朝廷的重要將領。張世傑督軍收復了一些州郡，但於七月間在焦山被元軍擊敗；十二月，張世傑軍回守臨安。

　　文天祥與張世傑共同建議，用數萬勤王兵馬與元軍決一死戰，如果能夠獲勝，淮東宋軍可以乘機截殺元軍後路，形勢或許會轉變。陳宜中堅持要向元軍求和，不採納文、張二人意見。在徵得謝太后同意後，陳宜中派柳岳等人出使，於十二月五日抵無錫，向伯顏遞交宋朝皇帝、太皇太后及陳宜中等大臣的信件。

　　柳岳向伯顏哭訴：「太皇太后年邁，皇帝年幼，又值國喪之際；自古以來尊奉禮義的人不攻伐喪君之國，希望貴國憐憫我們，班師回朝，我們豈敢不每年進貢，修好於大朝？現在事情發展到這般地步，都是奸臣賈似道失信於大朝，又貽誤於本國。」伯顏

---

① 　參見《宋史》卷四一八《文天祥傳》。

答道：「我朝皇帝即位後，馬上派遣使者持國書前來修好兩國關係，你們拘留我國使者十六年，所以要興師問罪。今年又無故殺害我朝使者廉某，這又是誰的過錯？如想讓我軍停止前進，你們是想效法錢王納土，還是仿效李主出降？宋人過去得天下於小兒之手，今天又失之於小兒之手，這是天意，不必多說了。」[1]

伯顏這一段話中，稱宋人「得天下於小兒之手，今天又失之於小兒之手」。指的是宋太祖趙匡胤於後周顯德七年（960年）發動陳橋兵變，黃袍加身，從八歲的皇帝柴宗訓手中奪得帝位。開寶八年（975年），宋軍兵臨金陵（今江蘇南京）城下，南唐國君李煜奉表投降。吳越國王錢俶誠惶誠恐，不久即向宋廷納土歸順。這些故事，宋人當然熟悉，沒想到現在被蒙古人用來對付自己。

至於元朝的國信使郝經，已在賈似道兵敗後被放回。忽必烈希望少用兵而使南宋就範，於三月間派廉希賢、嚴忠範、宋德秀等人持國書使宋，要求宋廷納幣稱臣，並且令伯顏按兵不動，等待和議消息。廉希賢從伯顏軍中請調了五百名士兵護送，行至獨松關，宋守將張濡以為元軍來進攻，率兵出擊，殺嚴忠範，擒廉希賢送往臨安，廉希賢不久也因傷重死亡。獨松關事件激怒了元朝君臣，宋方雖然一再派人解釋，但是毫無用處。從忽必烈到伯顏等人，已經認定了南宋朝廷求和沒有誠意。

柳岳出使沒有結果，於十二月十四日（1276年1月1日）返回臨安。十七日，陳宜中又派宗正少卿陸秀夫、刑部尚書夏士林和兵部侍郎呂師孟赴伯顏軍中，表示宋皇帝願意尊忽必烈為伯父，世修子姪之禮，每年獻銀二十五萬兩，帛二十五萬匹。

---

[1]　參見《元史》卷一二七《伯顏傳》。

二十四日，陳宜中又派柳岳等前往大都，直接向元帝忽必烈陳述求和的誠意。轉眼辭去舊歲，使者杳無音信，元軍繼續向臨安挺進，和議的路似乎已經不通，莫非真要像汪立信所説，抗戰不行，和議不成，只能投降了嗎？

在南宋君臣為尋找出路而苦惱的時候，伯顏統率的大隊元軍正兼程南下，由平江（今江蘇蘇州）向嘉興進發。

去年五月，伯顏被忽必烈召回都城，面授機宜。七月，忽必烈調整攻宋軍隊的指揮機構，把淮西行樞密院併入河南行省，以伯顏和阿朮分任右、左丞相。八月，伯顏帶着忽必烈的詔書南下。十月，伯顏抵鎮江，分軍為三路，指向臨安：參知政事阿剌罕指揮右路軍，循太湖西攻獨松關；參知政事董文炳指揮左路軍，以舟師從江陰順江而下，從海路趨臨安；伯顏與右丞阿塔海率領中路軍，水陸並進，經平江、嘉興向臨安進軍；三路軍屆時將在臨安北面會師。十一月九日，三路軍隊分別從建康（今江蘇南京）、鎮江、江陰出發。雖然南宋的當朝丞相陳宜中主和不主戰，地方守臣中仍有一些主戰者。常州之戰，還是給了伯顏一點顏色看。

三月，宋常州守將獻城降元。五月初七，宋將劉師勇率軍裡應外合，收復常州。十餘天後，元軍來攻，知常州姚訔、通判陳炤、都統王安節等協助劉師勇守城，自夏至冬，元軍攻城屢屢受挫。伯顏從鎮江出發，十一月十六日抵常州城下，射書城中招降，劉師勇等不理。伯顏親督帳前親軍「合必赤軍」攻城，城中宋軍殊死戰鬥，晝夜不停。十八日，「合必赤」軍士率先登城，豎伯顏之紅旗於城頭，正在奮力攻城的元軍將士歡呼：「丞相已經登城！」個個爭先，登上城牆。

劉師勇、陳炤、王安節等退入城中巷戰，姚訔和陳炤戰死；王安節被俘，誓死不降，被殺；劉師勇單騎闖出城去，奔往平江。

巷戰的士兵繼續搏鬥，一位藏在死屍下的婦人，看見有六名宋軍背靠背相互支持，殺死殺傷元軍近百人後方力竭戰死。伯顏下令屠城，城中居民慘遭殺戮，後來聽說全城只有七個人倖免於難。諸將請求追斬劉師勇，伯顏不同意，他認為正可以借劉師勇之口，使南宋守城者聞風喪膽。

伯顏沒有估計錯。十二月，伯顏至平江，南宋平江守官逃走，都統王邦傑等獻城投降。阿剌罕和董文炳軍也進展順利，獨松關已被拿下。看來，在進入臨安之前，不大可能再有艱苦的攻堅戰了，剩下的問題，主要是如何招降宋廷。

伯顏早已派人把忽必烈的詔書副本送入臨安。敦促南宋君臣束手來降，可以保證趙氏家族的安全。他拒絕了柳岳的求和請求，當然也不會同意陸秀夫等人帶來的條件。忽必烈已經派遣使者南來，詔諭伯顏不要輕進，因為北方邊境上出了問題，但使者來時大軍已開進了平江。伯顏希望盡快迫使南宋朝廷投降，必須憑借強大的軍事壓力，不能給對方留下喘息的機會。十二月二十七日（1276 年 1 月 14 日），伯顏命令囊加歹與陸秀夫等一同赴臨安，交涉投降事宜。除夕，伯顏麾軍自平江出發，繼續南進，要按原定計劃與左、右路軍會師。

正月初一　吐蕃算木多 大元帝師八思巴遙祝忽必 烈早成一統大業

　　在吐蕃算木多（今青海互助縣松多鄉）一座新建成的寺院裡，大元帝師八思巴已於去年十一月十四日（1275年12月2日）給皇帝忽必烈寫了新年祝辭，派人送往大都。他在祝辭中祝福皇帝父子、社稷和臣民在陽火鼠年（1276年）裡諸事吉祥如意。

　　八思巴是吐蕃薩斯迦（今西藏日喀則薩迦縣）款氏人，生於蒙古窩闊台汗七年（1235年）。他的本名是洛追堅贊，因為七歲時就能誦讀經文數十萬言，被人們視為聖童，所以稱為「八思巴」。在藏語中，「八思巴」就是「聖者」的意思。八思巴自幼跟隨佛教密宗薩斯迦派教主薩斯迦・班彌怛・公哥監藏學習佛典，十二歲時隨同薩斯迦・班彌怛至涼州（今甘肅武威），會見窩闊台子闊端。貴由汗二年（1247年），由於薩斯迦・班彌怛治好了闊端的病，闊端皈依佛門，在涼州修建了幻化寺，給來自吐蕃的高僧居住。同時，闊端致書吐蕃各教派教主，宣佈薩斯迦派為各派宗教的首領，吐蕃僧俗之人，只要願意歸順大蒙古國，就可以繼續保有原來的財富和地位。

　　1251年，薩斯迦・班彌怛去世，十七歲的八思巴繼為薩斯

迦派教主，並被闊端推薦給忽必烈。兩年之後，忽必烈率軍遠征
大理，八思巴趕到忒剌（今四川阿壩州松潘縣）與忽必烈見面。
忽必烈夫婦都接受了八思巴的「灌頂」（受佛戒），尊八思巴為
「上師」。

在「灌頂」前，忽必烈和八思巴在禮儀問題上有意見分歧，察
必出來調解，她建議：「聽法人少時，上師可坐在上座。吐蕃事務
的處理，都要聽從上師的指教，未與上師商定的事不頒發詔書。
國家的其他大小事項，由於上師心善，難於拒絕他人的種種要求，
不能恩威並施於全國，所以請上師不必過問。」[①] 這個動議不失為
協調世俗君主與宗教領袖關係的較好辦法。因為在宗教上八思巴
是老師，不能像臣子一樣在忽必烈面前俯首跪拜；忽必烈雖然尊
重八思巴，但是絕不能把行政權力置於八思巴的宗教影響之下。
兩人都同意按照察必的辦法確定雙方的位置。

1254 年，忽必烈賜給八思巴《優禮僧人詔書》，向吐蕃僧人
宣佈：

> 汝等僧人不可爭奪官位，官多並非善事；亦不可依
> 恃聖旨欺凌他人。汝等僧人已免除兵差征伐，當謹依釋
> 迦牟尼之法規，懂得經典的講，不懂的聽，勤於問法、
> 讀經、修行，敬奉上天，為吾祈禱。……若汝等不照釋
> 迦牟尼之法規行事，蒙古諸人必將懷疑釋迦牟尼之教
> 法，治罪於汝等。汝等不可以為蒙古人不察此情，一次
> 兩次或有不察，久後必知之。汝等僧人切不可有惡行，

───────────

① 陳慶英：《元朝帝師八思巴》，北京：中國藏學出版社，1992 年，第 58—60 頁。

使吾在眾人面前丟臉，當遵依教法為吾告天祝禱，汝等
之施主由吾任之。①

　　忽必烈通過八思巴統領佛教實施對吐蕃地區的控制，八思巴
則可在忽必烈的支持下使薩斯迦派凌駕於其他教派之上。在宗教
關係的背後，是一種政治上的結合。忽必烈即位之後，於中統元
年十二月（1261年1月）把八思巴封為國師，統管全國佛教事務，
作為佛教的最高領袖。至元元年（1264年），忽必烈再次賜給八
思巴一份《優禮僧人詔書》，這次他是以皇帝的身份向全國僧人宣
佈，要他們聽從國師八思巴的統領，並表示他對任何按照聖旨和
教規行事的教派都予以尊重，規定各級官員、軍人和來往使臣等，
均不得隨意騷擾寺廟僧人。忽必烈還特別設置了總制院，作為國
師的下屬機構，專管全國佛教和吐蕃地區的行政事務。當年夏天，
八思巴辭別忽必烈，返回薩斯迦。
　　至元六年（1269年）年初，八思巴又來到都城，向忽必烈獻
上了一件重要禮物——用藏文字母為基礎創制的蒙古新字（後正
式稱為蒙古國字，通稱八思巴字）。忽必烈非常高興，於二月十三
日（3月17日）下詔頒行這種新制的文字。詔書稱：

　　　朕惟字以書言，言以紀事，此古今之通制。我國家
　　肇基朔方，俗尚簡古，未遑制作，凡施用文字，因用漢
　　楷及畏吾字，以達本朝之言。考諸遼、金以及遐方諸國，
　　例各有字，今文治浸興，而字書有闕，於一代制度，實

---

①　陳慶英：《元朝帝師八思巴》，第64—65頁。

為未備。故特命國師八思巴創為蒙古新字，譯寫一切文
字，期於順言達事而已。自今以往，凡有璽書頒降者，
並用蒙古新字，仍各以其國字副之。①

　　自古以來，文字被用來書言記事。蒙古國家興起於北方草原，
原來沒有文字，各種文書或者使用漢字，或者使用畏兀（今維吾
爾）體蒙古文字（畏兀兒人塔塔統阿以畏兀兒字母為基礎創制的
蒙古字）。遼、金兩朝以及遠方各國，都有各自的文字（遼有契丹
大、小字，金有女真大、小字，西夏也創制了西夏字），現在大興
文治，而沒有正式的蒙古文字，使得一朝制度不能完備。所以皇
帝命令國師八思巴創制了蒙古新字，用於譯寫一切文字。今後凡
頒發聖旨等，都要使用蒙古新字，仍用漢文及其他文字作為參照。
　　蒙古貴族中通曉漢語文的人為數較少。新制蒙古文字，適應
了元朝多民族國家建立後的需要。蒙古國字除了用來頒發聖旨和
用於各級官府之間的公文往來外，還可用來翻譯漢文的經、史等
文獻，供蒙古貴族子弟學習，促進各民族人員之間的文化交流。
為了褒獎八思巴對「文治」所作的貢獻，忽必烈將八思巴升為帝
師，並且賜號「大寶法王」，從此之後，皇帝詔旨和帝師命令並行
於西土。朝廷的正式朝會，百官班列，特別為帝師設立專座。
　　八思巴不僅關心宗教和吐蕃問題，對國家的征伐大事等也很
熱心。伯顏能成為攻宋大軍的統帥，據說與八思巴的推薦很有關
係。忽必烈曾請教八思巴，在佛法助力下能否蕩平南宋，八思巴
聲稱當時忽必烈身邊還沒有能夠建立此等功業的人。伊利汗旭

① 《元史》卷二〇二《釋老·八思巴傳》。

烈兀的下屬伯顏不久後來中原出使，八思巴認定此人必將大有作為，勸忽必烈把他留在身邊。至元八年（1271年），八思巴由於不適應中原的氣候，又返回西土，但為了支持元軍的對宋作戰，他的弟子在中原修造了寺廟，塑密宗護教護法神麻曷葛剌（大黑天）像，面向江南。麻曷葛剌是大自在天的化身，三面六臂，前左右手橫執寶劍，中間左手拿着人頭，右手抓着牝羊，後左右手張象皮於背後，是吐蕃人崇拜的戰神，並推薦給蒙古人，人們習稱之為「大黑神」。麻曷葛剌像面南，意思自然是用神靈來保佑元軍旗開得勝。據説常州城破時，就有人看到大黑神出入百姓之家。而襄陽一帶，也早就流傳大黑神領兵南下的説法。

八思巴雖然離開了大都，對元軍攻宋的進程卻十分注意。由於路途遙遠，八思巴得到消息總要晚一些。去年，當他得知伯顏已率大軍渡過長江，並打敗了賈似道軍後，預見到元軍入臨安、滅南宋為期不遠了，特意在八月二十三日（1275年9月14日）寫了《賀平江南表》，寄獻給忽必烈。他祝福道：

> 因蒙古第五傳大皇帝忽必烈的福德，所有國土終成一統，尤其立國已久、王統未嘗斷絕、國政穩固、疆土廣大的蠻子國（案：指南宋），歸降於人主腳下之蓮台，使皇帝福運之光，遍照於直抵大海之大地壇城。[①]

而今暫居算木多寺廟內的大元帝師，自然期待着伯顏早日拿下臨安，使他的祝福盡快變成現實。

---

① 陳慶英：《元朝帝師八思巴》，第 168—169 頁。

正月初一　大都大明殿
元宮廷舉辦氣派非凡的
「詐馬宴」

　　大都城內，隆重的元正受朝儀式已經結束。大明殿上，同樣隆重的「詐馬宴」正在進行。

　　元人自稱「國朝大事，曰征伐，曰搜狩，曰宴饗，三者而已」。[1]這三件大事，也就是用兵打仗、圍獵和宴飲。大規模的戰爭正在江南進行，圍獵則需要合適的季節，現在朝廷中的頭等大事就是朝會後例行的宴飲了。

　　出席宴會的人，都要身着同樣顏色的衣服。這種衣服，稱為「質孫服」（又譯為「只孫服」），由皇帝頒賜給蒙古宗王、后妃、駙馬、朝廷大臣和近侍衛士等人。沒有質孫服的人，也就沒有資格參加大宴。天子的質孫服，冬季穿的有十一等，夏季穿的有十五等；百官等人的質孫服，冬季九等，夏季十四等。服裝顏色分為大紅、桃紅、紫、黃、白、藍、綠、棗褐、駝褐、鴉青等。質孫服衣、帽、腰帶配套，大多用繡金錦緞製成。宮廷大宴，一般要

---

[1]　王惲：《呂公神道碑銘》，《秋澗先生大全文集》卷五七。

進行三日，每日換一種顏色的衣服。這種大宴，被稱為「質孫宴」；波斯語把「質孫」叫作「詐馬」，所以又稱為「詐馬宴」。

　　大宴的第一項內容，是由蒙古大臣高聲誦讀「大札撒」。「大札撒」是成吉思汗頒佈的法令，其中既有國家的法律規定，也有成吉思汗的訓言。每個蒙古宗王都收藏一部大札撒，並且要熟悉它的內容，以示念念不忘「祖訓」。札撒對軍隊的要求頗嚴，這些要求至今還約束着元軍官兵。成吉思汗是這樣說的：

　　　　── 萬夫長、千夫長和百夫長們，每一個都應將自己的軍隊保持得秩序井然，隨時作好準備，一旦詔令和指令不分晝夜地下達時，就能在任何時候出征。
　　　　── 居民[在平時]應像牛犢般地馴順，戰時投入戰鬥應像撲向野禽的餓鷹。
　　　　── 軍隊的將官們應當很好地教會兒子們射箭、騎馬、一對一地格鬥，並讓他們練習這些事。通過這樣的訓練把[他們]練得勇敢無畏。
　　　　── 十夫長不能統率其十人隊作戰者，將連同其妻子、兒女一併定罪，然後從其十人隊中另擇一人任十夫長，對待百夫長、千夫長、萬夫長也這樣。
　　　　── 只有在行軍時能考慮到不讓軍隊飢渴、牲畜消瘦的人，才配擔任首長。[1]

　　按照遊牧民族的傳統習慣，蒙古人以十進制將軍隊編組成

---

[1]　拉施特：《史集》第一卷第二分冊，余大鈞、周建奇譯，北京：商務印書館，1983年，第 354—362 頁，後同。

十戶、百戶、千戶和萬戶，各級設官長（蒙古語稱為「那顏」）；有時在十戶與百戶之間，還有五十戶的編制。十夫長又稱為牌子頭、甲長，蒙古語稱為「阿兒班那顏」。五十夫長亦直稱為五十戶（下同），蒙古語為「塔賓那顏」；百夫長（百戶）為「札溫那顏」；千夫長（千戶）為「敏罕那顏」；萬夫長（萬戶）為「土綿那顏」。

　　蒙古國時期，來自西方的人盛讚蒙古軍隊的吃苦耐勞、行動迅速和服從指揮，對它的戰鬥力從不抱任何懷疑態度。在歐亞大陸上，幾乎沒有任何軍隊能和它抗衡。成吉思汗曾驕傲地宣佈他滅國四十，他的後繼者又滅掉了西夏、金、大理、斡羅思（俄羅斯）各公國、黑衣大食等國。驟然興起的蒙古狂飆已經使全世界的統治者們驚慌失措。現在，伯顏統領的大軍，再現蒙古軍隊的雄威，札撒的約束，自然起了重要的作用。

　　札撒中還把治國、齊家和律己聯繫在一起，做出了許多規定，作為蒙古人的道德標準，如尊重長者、信任賢人、注意言行、和睦親族、重信誓而不說謊話、不偷盜、不淫奔等。成吉思汗還有這樣一段話作為總結：

　　　　凡是一個民族，子不遵父教，弟不聆兄言，夫不信妻貞，妻不順夫意，公公不贊許兒媳，兒媳不尊敬公公，長者不保護幼者，幼者不接受長者的教訓，大人物信用奴僕而疏遠周圍親信以外的人，富有者不救濟國內人民，輕視「約孫」（習慣）和「札撒」（法令），不通情達理，以致成為當國者之敵，這樣的民族，竊賊、撒謊者、敵人和各種騙子將遮住他們營地上的太陽。

　　蒙古人有醉酒的習慣，不少人因此而傷身害命。對此成吉思

汗留下了相當具體的訓誡：

　　　── 酒醉的人，就成了瞎子，他甚麼也看不見；他
也成了聾子，喊他的時候，他聽不到，他還成了啞巴，
有人同他說話時，他不能回答。……喝酒既無好處，也
不增進智慧和勇敢，不會產生善行美德。……國君嗜酒
者不能主持大事、頒佈必里克和重要的習慣法（yūsūn）；
異密嗜酒者不能掌管十人隊、百人隊或千人隊；衛士嗜
酒者將遭受嚴懲。
　　　── 酒不管你是甚麼人，無論善惡好壞的人它都讓
你麻醉……它毀壞了所有的感官和思維器官。
　　　── 如果無法制止飲酒，一個人每月可飽飲三次。
只要［他］超過三次，他就會犯下［上述］過錯。如果他
只喝兩次，那就較好；如果只喝一次，那就更為可嘉，
如果他根本不喝酒，那就再好不過了。但是到哪裡去找
這種［根本］不喝酒的人呢，如果能找到這種人，那他應
當受到器重！

　　在蒙古宮廷中，能夠參加詐馬宴，是一種特殊的榮譽，誰也
不願意因為不會喝酒而失去這大好的機會，所以在大宴前宣讀祖
訓，只是警告人們不要由於酒醉而失態，同時提醒大家不要忘記
祖上創業的艱辛和對後代的期望。這已經成為一個固定的制度。
　　在大宴上飲用的，有葡萄酒、蜜酒、米酒、阿剌吉酒、黑馬
乳、舍兒別等。阿剌吉酒用葡萄酒、棗酒等好酒蒸餾而成，製作
方法剛從西域傳來不久，乃是中國燒酒的鼻祖。黑馬乳就是馬奶
酒，用馬奶發酵後攪拌而成，色清味美，是蒙古人極喜好的飲料。

朝廷中專門有負責製作黑馬乳的人，稱為「哈剌赤」。蒙古人稱黑為「哈剌」，故有此名。「舍兒別」是用水果或藥物、香料配成的清涼飲料，可以解酒，製作方法也是從西域傳入的。宮廷中掌製「舍兒別」的人，就叫作「舍兒別赤」。宴會上備有各種食品，而羊肉是必不可少的。每逢大宴，宰殺的羊要以千萬頭計。

　　宴飲時，皇帝和臣僚各有座次，不可越座亂動。旁邊有樂工奏曲助興，還有各種藝人獻技，熱鬧非凡。

　　大宴上用的各種器具，非常考究，最引人注意的是貯酒的大甕，時人稱之為「酒海」。蒙哥汗時，來自巴黎的工匠曾造出一個大型供酒器，以銀樹為主體，樹內裝有四根管子，接通帳外的貯器，一旦需要，各管可分別湧出葡萄酒、黑馬乳、蜜酒和米酒。忽必烈即位後，這架酒器已不知去向。忽必烈命人在宮中各殿安放了酒海。至元二年（1265 年）十二月製成的瀆山大玉海，由整塊黑玉雕成，高 70 公分，直徑 135 公分，重約 3500 公斤，放在萬壽山上（現在依然陳列在北京北海公園團城的玉甕亭內）。

　　在大明殿上，還擺放着一架七寶燈漏。這架燈漏是順德邢台人郭守敬設計製造的，高一丈七尺，以金為架，共分四層。燈漏上既有調節機內水流緩急的戲珠龍，又有代表日月星辰的四神和按時跳躍的龍虎鳥龜。更為奇妙的是漏中裝有十二個小木偶人，各執子、丑、寅、卯等時辰牌子，每個時辰的初刻，木偶人執牌開門而出，面對御榻報時。燈漏下層四角，又各立一人，分掌鐘、鼓、鉦、鐃，一刻鳴鐘，二刻敲鼓，三刻響鉦，四刻鳴鐃。當然，在飲酒正酣的時候，人們都不太留意時間，因為大宴總是要到日暮點燈時才散。

　　今天的「詐馬宴」上，蒙古王公貴族、文臣武將們開懷暢飲，興高采烈。他們有理由高興。已經到來的陽火鼠年看來是吉祥的

一年。南宋朝廷已捏在伯顏的手心裡，覆滅指日可待，統一全中國的大業，就要在他們手裡完成了。祖先成吉思汗倘若地下有知，也會與他的子孫們一起舉杯痛飲的。

　　入夜，歡騰了一日的大都城慢慢安靜下來。往來巡邏的士兵和各門的守衛，各司其職，不敢有一絲鬆懈。而在數千里之外的臨安城中，雖然也有士兵巡邏和守衛，全城卻瀰漫着驚恐和沮喪。求和看來已經失敗，但使者既然未歸，就仍有一絲希望。謝太后和陳宜中並不知道，潭州殉難將士的英魂沒有能夠保佑大宋的國運，伯顏將軍在他的大營裡，早已拒絕南宋的議和了。

第二章

江南易主

一個王朝的崩潰，與其說是因外敵強大，不如說是因內部腐朽。失敗者的墳墓，大多是自己挖掘的。

正月十八日　臨安
宋室降元，向元軍獻出傳國玉璽

正月初二（1月19日），陸秀夫一行和囊加歹回到了臨安，向謝太后報告伯顏拒絕和議的消息。陳宜中等人原來準備向元廷稱「侄」求和，如果被拒絕還可以改稱「侄孫」，但是伯顏卻絲毫不為所動。這個消息很快傳遍了臨安，引起朝野更大的恐慌。

太皇太后謝道清決心再讓一步，向元帝稱臣。陳宜中等人不同意。當年高宗皇帝派丞相秦檜與金人談判，秦檜在紹興八年（1138年）與金定約，同意南宋向金稱臣，每年向金人輸納銀二十五萬兩、絹二十五萬匹；紹興十一年（1141年），又再次定約。這就是所謂的「紹興和議」。秦檜的做法，曾遭到朝野人士的激烈攻擊，使得秦檜後來身敗名裂。陳宜中當然不想重蹈覆轍。謝太后雖然一再表示，如果能使大宋免於亡國，可以不計較名號和尊卑等問題，陳宜中仍然不願意讓步。

陳宜中自有打算，「三十六計，走為上」。想當初，為了躲避金兵的追擊，高宗皇帝曾從鎮江跑到定海，後來又泛舟海上，待金軍退走，還不是照樣回來做皇帝？既然已有先例，為何不照着辦呢？陳宜中主意一定，立刻率領群臣入宮，向謝太后請求遷都。

謝太后開始並不同意，誰知陳宜中竟哭倒在地，堅持己見，謝太后才勉強答應。她命令給百官發放路費銀兩，自己也做好準備，隨時同皇帝等一道出發。但是直等到日薄西山，仍不見陳宜中的蹤影，也沒有人來催促上路。原來陳宜中安排了第二天啟程，倉促之間，忘了說明時間，害得謝太后等人白等。作為臨朝稱制的太皇太后，謝道清這下可是真正發怒了。她本來就不願意離開臨安，現在更認定陳宜中在欺騙她，於是摘下簪珥摔在地上，氣沖沖地回到宮中，群臣求見也閉門不納。

太皇太后執意不肯離開京城，和議又毫無進展，陳宜中等人束手無策，不知如何是好。形勢發展越來越不利。初三，劉漢傑在嘉興開城門投降，伯顏的軍隊進了嘉興。初四，同簽書樞密院事黃鏞和參知政事陳文龍逃離京城。陳文龍出了臨安城之後，有些後悔，又上疏朝廷請求回來，卻因無人轉報，只得怏怏而去。雖然太后和皇帝還在臨安，但是準備遷都的說法已經傳遍全城，又有不少官員棄職逃走，自謀生路。當天，謝堂被任命為兩浙鎮撫大使，文天祥知臨安府，全永堅為浙東撫諭使。這時陳宜中已不得不改變初衷，既然走不脫，只好向大元皇帝稱臣。他和一些大臣寫好書信，派劉庭瑞送到元軍軍營，向伯顏陳述稱臣的意願。

初五，謝太后任命台州天台人吳堅為左丞相兼樞密使，臨邛人常璵為參知政事。她不滿意陳宜中的行為，所以不希望他再享有「獨相」的地位。按照傳統做法，任命宰相要用黃、白麻紙寫成詔書，在大內正殿上宣讀，習稱「宣麻」。中午在慈元殿「宣麻」時，文臣只來了六位，場面極為淒涼。

此時，臨安周圍各關口的守軍都已經潰散，消息傳來，人人驚恐萬狀。謝太后依然執意不肯離開臨安，陳宜中等人又表示可以稱臣求和，於是監察御史劉岊（音節）奉命帶着宋帝稱臣表文的

副本，前往伯顏軍中。表文中給大元皇帝忽必烈獻上「仁明神武皇帝」的尊號，表示願意每年進貢二十五萬両銀、二十五萬匹絹，以表臣服之心，並且希望忽必烈能夠允許南宋保留原有的國土。陳宜中還約定在長安鎮（今浙江海寧西）與伯顏面議和談事宜。

大難臨頭，這些身居高職的文人還在做夢。他們以為用「紹興和議」的辦法，稱臣納貢，甚至每年奉獻的銀、絹數額都一樣，就可以把蒙古人打發回家，繼續過偏安的好日子。今非昔比，當年的宋軍尚能將金軍趕回江北，女真人並不具備統一全國的條件。如今，在一系列的軍事慘敗之後，宋廷手中已經沒有足夠的兵力與兵臨城下的元軍對抗。經過忽必烈大刀闊斧的改革之後，蒙古人不僅在軍事上依然保持優勢地位，在政治上也逐漸佔了上風，已經具備統一全國的實力。此次元軍席捲而下，志在必得。

這麼多年來，大宋的文臣武將們渾渾噩噩地混日子，自恃有塊「禮儀之邦」的牌子，對形勢的發展不屑關心，或者做出種種錯誤的判斷。如果早幾年就注意到北方政治格局的變化，預做準備，勵精圖治，振奮精神，用己有的七十萬軍隊，尚有可能拒敵於國門之外。在元軍渡江之後，馬上遷都於福州或者廣州，利用江南地形，也不是沒有可能與之展開持久戰。如此大事，沒有人統籌安排，都是得過且過，終於淪落到君不君、臣不臣的地步，只能眼巴巴地等待對手的憐憫，除了在名分問題上喋喋不休地爭論外，就是等着對手的最後裁決了。

與伯顏議和，還有一個小插曲。去年，有傳言說當塗人孟之縉的妻子趙孟桂，已經被伯顏納為妾。謝太后於是派使臣帶着金帛送給趙氏，請她幫助促成和議。使臣回報說趙孟桂已明確表示和議將成，並拿出了奏書一折。謝太后十分高興，特賜趙孟桂一紙手詔，另外又送去金帛等物，以示慰問。但從此音訊全無，伯

顏的態度似乎也從來沒有改變過。是不是有人乘朝廷之危，為騙取金帛而編造了謠言？幾年以後，有人見到了趙孟桂，她說並未被伯顏納為妾，也從未得到過朝廷頒賜的金帛，更沒有見到甚麼手詔，事情才真相大白。如此並不高明的騙局，居然得逞，還牽動了太皇太后，南宋朝廷也真夠荒唐了。

同一天，從海道南下的董文炳率元軍抵達鹽官。鹽官是臨安東面的一個大鎮，知縣王與賢與澉浦鎮統制胡全等還盼望着臨安能派來援軍，閉門不納元軍。董文炳派出的招降使者，往返於城下多次，沒有任何結果。有人向董文炳建議發兵攻城，然後屠城，董文炳不同意。他認為鹽官縣離臨安已不到一百里，在這裡的任何舉動都會影響臨安，南宋朝廷準備投降，我殺死一個人都可能危及全局，更何況屠城？他再次派人進城，向守城官員曉以利害，王與賢、胡全等人盼不到援軍，只好率眾向元軍投降。

七日，劉庭瑞持書信至嘉興，入見伯顏。九日，劉岊繼至。十一日，洪模又帶着陳宜中和吳堅致伯顏的信前來。宋使者頻繁往來於臨安與嘉興之間，無非是要盡快促成稱臣納貢的和議，使元軍停止進攻。伯顏的態度則很堅決，求和是不能同意的，宋室必須無條件投降。但是他也不急於麾軍包圍臨安城。行省郎中孟祺曾提醒伯顏：「宋人當今的出路，只有逃往福建。假若我們進兵太快，必會起到催促宋室南逃的作用。一旦臨安失去控制，盜賊蜂起，宋朝三百年的積蓄將蕩然無存。不如用計安撫宋廷，使其不過於緊張懼怕，就像收摘果實一樣，稍等些時間更好。」[1]伯顏同意孟祺的見解，頻頻派人前往臨安，送去書信，表達不妄殺生

---

[1] 參見《元史》卷一六〇《孟祺傳》。

靈、優待降人的意思，以求穩定宋人情緒，堅定部分官員乃至太皇太后的降意。

十二日，伯顏率軍離開嘉興，十六日至長安鎮，與董文炳會合。陳宜中和吳堅違約，沒有前來會面。

十七日，在一些大臣的一再催促下，謝太后着手收拾朝廷殘局。度宗皇帝有三個兒子，長子趙昰（音是），淑妃楊氏所生，今年九歲；次子趙㬎（音顯），母親是度宗正后全氏，現在全氏已經被尊為皇太后；季子趙昺（音丙），嬪妃俞氏所生，只有六歲。幾年前度宗去世，賈似道不聽從其他大臣立長子為皇帝的建議，堅持以全后嫡出之子為帝，趙昰與趙昺則分別被封為吉王和信王。為了防止意外變故，謝太后同意趙昰和趙昺暫時到福建居住，也算是給宋皇室安排一條後路。趙昰被封為益王，判福州、福建安撫大使，以楊淑妃弟楊亮節提舉王府事；趙昺被封為廣王，判泉州兼判南外宗正事，以俞氏弟俞如圭提舉王府事。

宋朝的府、州、軍、監是同級官府，直屬朝廷。朝廷派京官或者朝官管理州郡事，稱為「權知某州軍州（府、監）事」，表示全權管轄一州的軍政和民政。二品以上的官員和身負兩府職事者，稱為「判某州（或某府）」。同時，設「通判州軍事」一至二員，與知州同領州事。安撫使是各路負責軍務治安的長官，以知州、知府等兼任，如官階在二品之上，則稱為安撫大使。

張世傑和文天祥曾建議太皇太后、皇太后和皇帝（即所謂「三宮」）登舟入海，由他們率軍與元軍背城一戰。陳宜中正忙於遣使求和，根本不理睬他們的意見。伯顏為防止宋人南逃，已做了準備。董文炳泛舟浮海而下，就是為了堵截宋人的海上通道。董文炳佔領鹽官城之後，已經分兵繞到臨安城南，駐紮在浙江亭，封鎖海口。

十八日，伯顏抵皋亭山，阿剌罕引兵來會，三路大軍會師。皋亭山距臨安僅三十里，元軍游騎已經出沒於臨安城下。城內和、戰、降、走的爭論還在進行。文天祥向駐兵六和塔的張世傑建議，以京城二十萬義士和數萬守軍，還可一戰，張世傑不抱積極態度。

當天晚上，群臣在官衙商議最後的對策，至午夜仍然爭論不休。這時，元使孟祺等人已經等在旁邊。在孟祺的不斷催促下，陳宜中覺得別無選擇，只能無條件投降。他入見謝太后，徵得了謝太后的同意，委派監察御史楊應奎、知臨安府賈餘慶與宗室成員趙尹甫、趙吉甫等，攜傳國玉璽十二枚和降表至皋亭山，獻給伯顏。降表是這樣寫的：

> 大宋國主㬊，謹百拜奉表於大元仁明神武皇帝陛下：臣昨嘗遣侍郎柳岳、正言洪雷震捧表馳詣闕庭，敬伸卑悃，伏計已徹聖聽。臣眇焉幼沖，遭家多難。權奸似道，背盟誤國，臣不及知；至勤興師問罪，宗社阽危，生靈可念。臣與太皇日夕憂懼，非不欲遷辟以求兩全，實以百萬生民之命寄臣一身，今天命有歸，臣將焉往。惟是世傳之鎮寶，不敢愛惜，謹奉太皇命戒，痛自貶損，削帝號，以兩浙、福建、江東西、湖南北、二廣、四川見在州郡，謹悉奉上聖朝，為宗社生靈祈哀請命。欲望聖慈垂哀，祖母太后耄及，臥病數載，臣煢煢在疚，情有足矜，不忍臣祖宗三百年宗社遽至殞絕，曲賜裁處，特與存全，大元皇帝再生之德，則趙氏子孫世世有賴，不敢弭忘。臣無任感天望聖，激切屏營之至。[①]

① 《元史》卷九《世祖紀六》。

　　這篇以趙㬎口氣表述的文字，把宋室的無可奈何、曲意奉承表現得淋漓盡致。用今天的話來講，大意是這樣的：我年幼無知，又遇國家多難，實不知權奸賈似道背盟誤國，導致大元皇帝興師問罪，危及我國家和人民。我和太皇太后日夜憂慮，恐懼不安，本可求兩全之策，遷都避開兵鋒，但是念及百萬臣民的命運寄託在我一人身上，當今天命已有所歸，不可抗拒。尊奉太皇太后的命令，自削去皇帝稱號，獻上傳國玉璽，並將兩浙、福建、江東、江西、湖南、湖北、兩廣、四川等路現管各州郡悉數獻給聖朝。祖母太后年老，臥病多年，我萬分內疚，不忍祖宗三百年宗廟後繼無人，請皇帝垂恩，保全性命，趙氏子孫將世代不忘大元皇帝給予的再生之德。

　　伯顏欣然接受降表和玉璽，派囊加歹與楊應奎一行返回臨安，召陳宜中、吳堅等人出城面議具體投降事宜。

　　囊加歹等人進入臨安。南宋朝野上下皆知投降之事，於是人各異心，怒斥被人出賣者，哀歎時運不濟者，涕泣社稷不存者，驚慌失措不知所為者，暗打主意準備逃走者，無所不有。陳宜中不想與伯顏照面，他悄然溜出京城，逃到溫州去了。當事人雖然跑了，投降卻已經成為不可改變的事實。對謝道清和陳宜中的所作所為，後來的南宋遺民頗為不滿，有人評價道：「謝太后聽信二三位宰執的意見，將祖宗三百年的土地和人民盡數獻給北朝，根本不與各地大臣商量，無君臣之義可言。……聲言社稷可存、救護生靈等等，無非是欺騙臣民順從歸附，作為君主的太皇太后，也喪失了君主之仁。」[1]

---

① 　參見謝枋得：《上丞相留忠齋書》，《謝疊山先生文集》卷三。

　　早在六十六年前，著名詩人陸游為表達盼望宋軍北上、收復中原失地之意，向兒輩吟誦的臨終詩《示兒》，人們都很熟悉：

　　　　死去原知萬事空，但悲不見九州同。
　　　　王師北定中原日，家祭毋忘告乃翁。

　　現在，宋廷向元朝投降了，空前未有的大一統局面即將出現，但這與陸游的意願恰好相悖，後人有詩歎道：

　　　　青山一髮愁濛濛，干戈況滿天南東。
　　　　來孫卻見九州同，家祭如何告乃翁！[1]

---

① 　林景熙：《題陸放翁詩卷後》，《白石樵唱》。

二月十一日　臨安
元軍入城，着手建立
新秩序

正月十九日（2月5日），張世傑、劉師勇等將領聽說陳宜中已逃走，慌忙率部離開臨安，奔往定海等地。陸秀夫和一批文臣，也相繼逃出臨安。這時，益王趙昰和廣王趙昺還留在城內，雖然謝太后曾安排他們前往福建暫住，但一直未能成行，現在滿朝文武官員各自忙於找出路，對太皇太后、皇太后和皇帝都置之不管，誰還能想到要照顧這兩個皇兄、皇弟呢？匆忙之間，駙馬都尉楊鎮和楊亮節、俞如圭偕趙昰、趙昺、楊淑妃一行，也加入了逃亡者的行列，奔往婺州（今浙江金華）方向，幾乎沒有士兵保護他們。

伯顏從皋亭山出發，距臨安十五里安營。囊加歹從臨安返回，向伯顏報告陳宜中、張世傑、劉師勇等人已率軍擁益王、廣王南逃。伯顏急令阿剌罕、董文炳和宋降將范文虎、呂文煥等率軍至臨安城南、封鎖錢塘江口，關住城中宋人南逃的大門；同時調動五千精兵，渡江追擊南宋逃臣。實際上，囊加歹得到的消息不夠準確，張世傑等人出走，人們會誤認為益、廣二王也在其軍中，兵荒馬亂中又無法確定他們的去向，所以元軍追兵過江之後無功而返。

　　陳宜中、陸秀夫不辭而別，留夢炎根本沒有回臨安來，太皇太后只好依靠文天祥了。她任命文天祥為右丞相兼樞密使。文天祥始終反對議和與投降，但獻降之命出於太皇太后之口，降表由右丞相陳宜中和左丞相吳堅等人操辦，作為大宋臣子，他只能唯命是從。他自己已經決心為國盡忠，詢問屬下幕僚，大家也一致表示願意跟隨文天祥死義。於是文天祥講了一個故事：「以前有位叫劉玉川的人，與一個妓女情投意合，發誓白頭偕老，於是這個妓女閉門謝客，一意侍奉劉玉川。不久，劉玉川科舉及第，授了官職，這個妓女想與他一同赴任，劉玉川卻改變初衷。他口頭上同意一起赴任，暗中準備了毒酒，毒死了這名妓女，然後上任去了。各位大概不會效仿劉玉川吧。」眾人聽後大笑，都知道這是文天祥告誡他們不要貪利忘義，要自重自尊。

　　宋軍將領大多逃走，散兵游勇失去節制，乘亂搶掠殺人。十八日，伯顏下令元軍士兵不得進城，違令者軍法從事；又命呂文煥等持黃榜入城安民，派人用當地方言向百姓解釋大元皇帝寬宏愛民之意。囊加歹等人則奉伯顏之命入宮慰諭謝太后和留下來的宗室成員，進城後看到城內居民大多在家門口貼上了「好投拜」的字樣，城內秩序逐漸穩定下來。

　　謝道清命吳堅、文天祥、謝堂、賈餘慶等人前往伯顏軍中，磋商善後事宜；任命眉州人家鉉翁為簽書樞密院事。

　　二十二日，吳堅、文天祥一行至明因寺元軍營見伯顏。文天祥對伯顏說道：「大宋繼承歷代帝王的正統，不是遼、金所能比的。現在北朝是準備把宋變成附屬國呢，還是要毀滅其社稷？如果要把宋變成附屬國，請你退師至平江或者嘉興，然後雙方商定歲幣和犒賞軍隊的金帛數額。我將親自將金帛等按議定數額送來，北朝軍隊不受任何損失，班師而回，這叫作不戰而獲全勝，

乃是上策。假若想毀滅大宋社稷，兩淮、兩浙、福建、兩廣還有很多地方在我們手裡，發兵攻打，勝敗難以預料；假如各地義軍皆起，兵連禍結，從此不得安寧。」

伯顏認為文天祥危言聳聽，文天祥慨然說道：「大宋的狀元宰相，缺的只是以死報國了。宋存我存，宋亡我亡，即使身首異處、赴湯蹈火，亦無所畏懼！」[1] 伯顏十分驚奇在宋廷中尚有如此頂天立地的好漢，處於逆境之下，居然能夠爭辯不屈；倘若把文天祥放回臨安，必將影響南宋朝廷的投降進程，於是決意把他留在元軍中。

吳堅、賈餘慶等人的表現則截然不同。吳堅唯唯諾諾，完全由元人擺佈。賈餘慶是有名的「瘋子」，後來北上時與元人一同喝酒，滿口胡言，把宋朝人毀謗無遺，獻媚於元人。還有那個劉岊，居然願意當着元將的面與一村婦狎戲，被人當笑料戲耍。連呂文煥這些南宋降將都看不過去，認為正是國家滅亡之際才會生出這樣一批醜類。

伯顏發現宋人送來的降表仍然寫着大宋國號，並且沒有稱臣的字樣，命令程鵬飛與吳堅、賈餘慶等一塊返回臨安修改，只扣留住文天祥。文天祥一再請求返回臨安，伯顏只是笑而不答。文天祥斥責伯顏不循常規，破壞兩國通使議事；伯顏則聲稱要與你這位南宋大臣好好商議國家大事。不管怎麼講，文天祥就是不能離開元營一步。

第二天，伯顏移駐湖州（今浙江湖州吳興區），派囊加歹等持南宋傳國玉璽北上，獻給忽必烈。二十四日，伯顏率元軍主要將

---

[1]　參見劉岳申：《文丞相傳》，《申齋劉先生文集》卷十三。

領，在帥旗和鼓樂的導引下巡視臨安城，觀潮於錢塘。南宋留在都城的宗室成員和大臣依次具名來拜見。當晚，伯顏返回湖州。

賈餘慶、吳堅等回到臨安後，不但按照伯顏的意思修改了降表，還讓學士院起草詔書，諭告各州郡守臣開城投降。這時，賈餘慶已經升為右丞相兼樞密使，劉岊為同簽書樞密院事。各參政大臣都署名表示同意，只有簽書樞密院事家鉉翁拒不簽名。隨同前來的元使程鵬飛要把家鉉翁捆起來帶走，家鉉翁聲明中書省官衙不是隨便綁縛執政大臣的場所，等我回到家裡再綁不遲。程鵬飛無可奈何。此時，太皇太后也手詔天下，息兵歸降。

二十五日，程鵬飛偕吳堅、賈餘慶、謝堂、家鉉翁、劉岊等一干南宋大臣至湖州，向伯顏獻上「改正」過的降表和諭告各地的詔文。伯顏置酒，款待南宋來人，也請文天祥同座。酒宴之後，吳堅等登車返回臨安，文天祥仍被留下。文天祥大罵賈餘慶賣國，並怒責伯顏失信，但都無濟於事。

文天祥召募來的勤王義兵，被賈餘慶下令解散。文天祥的幕僚有的返回江西，多數仍留在臨安等待事態的進一步發展。二十六日，伯顏派唆都率軍入城，守護宮城並分駐城內重要地點。南宋禁軍分由殿前都指揮使司、侍衛親軍馬軍都指揮使司、侍衛親軍步軍都指揮使司「三衙」管領。二十八日，伯顏下令將三衙所管軍隊分置於元軍各萬戶翼之下。

二月初一（2月17日），伯顏派劉頡等人去招降淮西制置使夏貴，又令行省右丞張惠，參知政事阿剌罕、董文炳、呂文煥等入城去見謝太后，表示慰問。

二月初五（2月21日），宋帝趙㬎率領文武官員在祥曦殿向北遙拜，正式發佈降表和諭降詔書。其後，文武官員都出臨安府，前去拜見伯顏及行中書省官員。伯顏按照忽必烈的意圖，在臨安

設立兩浙大都督府，以蒙古塔塔兒部人忙古帶和南宋降將范文虎為都督，入城視事。張惠、阿刺罕、董文炳、呂文煥等，也相繼進城，查核南宋軍民戶籍和錢穀數量，清點倉庫，罷南宋各官府，收百官誥命，接收宋廷的符印圖籍，並將趙㬎遷出原來居住的宮殿，另行安置住所。在伯顏的授意下，一批所謂的「新附官」馳往兩廣、四川、福建等地招降。為顯示大元的寬宏，安慰宋人，伯顏還下令禁止侵害宋帝陵寢。至此，宋元之間的投降、受降手續基本辦完，從名義上來說，大宋王朝已經不復存在了。

當天，大批元軍屯駐浙江岸邊。太皇太后謝道清聞訊後，在宮中向天祈禱，希望波濤大作，將元軍一洗而空。但是過去聲勢浩大的海潮，居然三日未見，元軍安然無恙，人們只能暗歎天助元軍。據說以前曾有一位官員白日見鬼，撞見死去多年的妾婢，預言浙江潮不來之時，就是亡國之日。理宗時，海潮逐漸轉向，浙江亭一帶變成沙灘，大潮不再來了。有人把這種現象看作「定數」，就像宋奪天下於太后幼子、又失天下於太后幼子一樣，都是上天預定，不可變更。

二月初六，謝太后命賈餘慶、吳堅、謝堂、劉岊、家鉉翁等為祈請使，趙若秀、楊應奎為奉表押璽官，一起北上，向忽必烈面獻宋廷降表和謝太后本人的表箋。次日，伯顏向忽必烈上賀平江南表，對攻宋戰爭做了如下總結：「臣伯顏等率大軍恭行天罰，從襄漢上流出師，在武昌渡過長江，沿江防線崩潰，戰火燒到錢塘。宋室仍然不自量力，乃發生殺使者毀詔書事件。皇帝親自授命，宜先取其根本之地，遂命阿刺罕進軍獨松關，董文炳取海道南下，臣與阿塔海督率中軍，直指偽都臨安；擺開掎角之勢，水陸大軍並進。攻佔常州之後，列郡傳檄而定，諸將率軍按期會師於臨安。宋室窮途末路，不斷來人哀求，先請稱侄納幣，後請稱

臣奉璽。為促其歸附，率精兵直抵臨安近郊，招來宋廷執政大臣，解散其禁軍衛士。宋人雖想掙扎，已無抗爭之力，逃走亦不可能，終於立意投降。二月初五，南宋國君向北遙拜，恭順歸附本朝。現在所有倉庫等物，都已封存待命。臣謹奉寬大之命，安撫官吏百姓，使臨安城內秩序井然，繁華如故。」[①]

　　二月初九，吳堅等人動身北上，去完成太皇太后交給他們的最後使命。

　　二月十一日，由忽必烈頒發的《歸附安民詔》在臨安公佈。作為江南地區的新主人，忽必烈要求投降了的南宋宗室成員北上，並命令清點宋廷秘書監的圖書，太常寺的祭器、樂器，天文地理圖冊以及戶口版籍等，準備運往北方。對於新附臣民，寬待為懷，凡在歸附前犯罪的人，一律赦免；公私債務，全部免除；曾經與元軍對抗過的人，也免予追究。江南名儒、高僧、名醫等及隱逸山林中的名士，由各地官府上報朝廷，加以優待。名勝古蹟和寺觀廟宇等，則要加以保護。元廷已經着手在江南地區建立「新秩序」了。

---

① 　參見《元史》卷一二七《伯顏傳》。

二月至三月　原南宋轄地 部分南宋軍隊拒不投降， 堅持抵抗

　　在臨安的南宋朝廷向元朝投降，並發出了停止抵抗的命令。但是原來南宋的國土，還有近二分之一掌握在宋人手中。南宋的臣民，尚有機會安排自己的前途。結局只有兩個：一個是當元朝的順民，一個是做南宋的忠臣烈士。平民百姓的命運，大多掌握在「父母官」的手裡，各級官員的向背，會帶來戰爭與和平的不同環境，官員個人的選擇，對其管轄地區無疑是十分重要的。

　　宋朝地方行政體制是中唐以來政治體制變革的產物，朝廷通過路級機構監督府、州，又通過府、州來管理地方。路設安撫使司（帥司）、轉運使司（漕司）、提舉常平司（倉司）、提點刑獄司（憲司），分管軍政、民政、財政和司法，具有半監察區和半行政區的性質，是地方監察區向行政區過渡的一種形式。南宋後期，各路軍政事務劃歸都統制司管轄，安撫司有職無權。都統制司相當於地方軍區，管轄當地駐軍，設都統制（簡稱都統）、副都統制等官職。為了軍事需要，宋廷又設立制置使司於路之上，委派制置使統管一路或幾路的所有軍隊，實際上成為一種大軍區的建置。元軍渡江前後，宋廷路和制置使司（制司）的設置為：

　　兩浙東路（浙東）、兩浙西路（浙西），原設沿海制置使司，後改設兩浙鎮撫司和浙西制置使司，文天祥、張世傑曾先後任制置副使。

　　江南東路（江東）、江南西路（江西），設沿江制置使司，陳奕、趙溍先後任制置使；又分設江西制司，以黃萬石為制置使。

　　淮南東路（淮東）、淮南西路（淮西），原設兩淮制置使司，後分為東、西兩司，李庭芝為淮東制置使，夏貴任淮西制置使。

　　荊湖北路（湖北）、荊湖南路（湖南），原設荊湖、四川宣撫司，朱禩孫任宣撫使，後增設湖北制置使司，高達出任制置使。成都府路、潼川府路、利州路、夔州路，設四川制司，現

　　在趙定應和張珏任制置使、副制置使。

　　廣南東路（廣東）、廣南西路（廣西），各設經略司。福建路，設安撫司。

　　朱禩孫、高達、陳奕等制置使，已經先後降元；趙溍、黃萬石逃跑，在任上的「大軍區司令」，只有李庭芝、夏貴、趙定應、張珏四人了。

　　南宋朝廷投降時，原有的十五路中，湖北、湖南、江東、江西、浙東、浙西、成都、利州八路已經在元軍的控制之下，淮東、淮西、潼川、夔州四路，處在元軍包圍之中；廣東、廣西、福建三路，還沒有受到元軍的直接攻擊。

　　從臨安城中逃出來的人，各選安身之地，相互失去聯繫。楊鎮、楊亮節和益王、廣王一行，跑到婺州，被元軍追上，楊鎮挺身而出，束手就擒，以遲滯元軍的搜捕。楊亮節、俞如圭等則背負二王，在附近的山區躲來藏去，七天後遇見宋將張全。張全率兵數十人護衛二王逃往溫州。

　　張世傑駐軍定海，宋都統卞彪前去拜訪，張世傑以為卞彪來

與他共商抗敵大計，十分高興，置酒款待卞氏。酒過數巡，卞彪
勸張世傑投降元朝，張世傑大怒，將卞彪舌頭割掉後處死。張世
傑尚有軍隊在手，可以作為在南方暫時立足的資本，由於局勢混
亂，沒有益、廣二王的確實消息，他只能按兵不動。好在元軍進
入臨安之後，忙於受降事務，沒有繼續向南大舉推進，只是向各
地派出招降使者，這就為南逃的人們留下了一個喘息的間隙。

潭州失守後，湖南州郡守臣紛紛開城出降。阿里海牙派人前
往靜江（今廣西桂林），召宋經略使馬墍出降，被馬墍所殺。南宋
朝廷的投降詔書由僧人宗勉帶進靜江城，馬墍又殺宗勉。阿里海
牙因為湖南剛剛平定，而且兵力不足，所以沒有向廣西進軍。他
親自寫信給馬墍，洋洋千餘言，以天時、地利、人心所向來勸導
馬墍，並許以廣西大都督之職，馬墍依然不為所動。

伯顏南下臨安前，曾分派都元帥宋都䚟、副都元帥李恆等率
軍向江西進軍。去年十一月，元軍攻克隆興（今江西南昌），隨即
南下進攻撫州。江西都統密佑出軍迎戰，激戰一天，密佑身負重
傷，宋軍大多戰死。密佑率數十人突圍不果，被元軍所擒，押回
隆興。宋都䚟欣賞密佑的勇敢，稱讚他為壯士，不忍將他處死，
把他關起來，不斷派人勸降。關押一月有餘，沒能使密佑動搖。
宋都䚟拿出最後一招，他讓南宋降將劉槃、呂師夔坐在城樓上，
把密佑押來，授給密佑金符並許以官職，密佑拒不接受，痛斥劉
槃、呂師夔貪生怕死、賣身求榮，並自解衣服請死，毅然奔赴法
場。江西雖然已在元人手中，但形勢並不樂觀，福建、廣東的宋
軍隨時可能反攻過來；元軍佔據了城鎮，鄉村則是反元民間武裝
組織的主要活動場所。宋都䚟看到了形勢不利的一面，深感兵力
不足，請求行省增調軍隊前來，行省只給他派來了四千援軍。

四川的局勢也很複雜。此時，四川境內只有合州、重慶、涪

州（今重慶涪陵區）、夔州（今重慶奉節縣）等幾個孤城尚在宋人手中。由於元軍重重包圍重慶，身為副制置使的張珏無法進城，只能坐鎮地勢險要、易守難攻的合州釣魚山城，指揮諸軍繼續抗戰。為打破元軍封鎖，張珏採用了攻元軍後方迫其解重慶之圍的戰略，於正月派軍偷襲元軍重鎮青居城（今四川南充市南），一舉得手。二月，張珏乘元軍軍心浮動之機，派部將張萬用巨艦精兵突破元軍包圍圈，進入重慶，助趙定應等守城。由於路途遙遠，交通阻截，這些拚死戰鬥的將士還不知道宋廷已經投降的消息。

督軍堅守揚州的淮東制置使李庭芝和副都統姜才，已經多次拒絕元人的招降。伯顏大軍南下，阿朮負責指揮留下來的軍隊，阻截兩淮宋軍南下。阿朮命令軍士修築長堡，圍住揚州，做久困之計。揚州城中糧絕，居民死者無數。進入二月，境況更壞，已經出現了人相食的慘象。宋廷派了五位使者拿着投降詔書到揚州，命李庭芝、姜才等停戰投降。李庭芝閉門不讓使者進城，並登城對使者說道：「只聽說過奉朝廷詔旨堅守城池的，沒聽說過還有下詔旨讓人獻城投降的。」[1] 姜才放箭射退使者，隨即又率兵出城，攻使者於召伯堡，與元軍大戰一場，以此表示誓死不降的決心。

與此相反的是，二月二十二日（3月9日），淮西制置使夏貴接受了宋廷詔諭，以淮西諸州郡降元。阿速人阿塔赤、也烈拔都兒率軍入鎮巢（今安徽巢湖）駐守，約束兵丁不嚴，軍士四處擄掠騷擾，激起民憤。宋鎮巢雄江左軍統制洪福設宴款待阿塔赤和也烈拔都兒，趁二人酒醉將其殺死，盡殲城內元軍。

---

[1] 參見《宋史》卷四二一《李庭芝傳》。

夏貴聞訊後急忙派人到鎮巢勸洪福投降，為洪福所殺。元信陽軍萬戶昂吉兒率軍攻城，不克。夏貴親自來到城下，請求單騎入城與洪福面談。洪福原來是夏貴的家僮，多年追隨夏貴，所任官職也是由夏貴提拔的，夏貴自來，不能不應。但城門一開，伏兵一擁而入，洪福等人都被元軍擒獲。昂吉兒入城，命令手下人屠城，將洪福等一干人處死，並讓夏貴來監斬。臨刑時洪福大罵夏貴不忠叛國，挺身向前就戮，以示不負國恩。

張世傑、密佑、馬墍、張玨、姜才等人，都是武人出身。張世傑是北方人，原籍範陽（今河北涿州），少年時從軍，不久逃奔南宋，在宋軍中屢立戰功，升為都統。密佑祖籍密州（今山東諸城），後來遷居廬州（今安徽合肥），也是積多年戰功升成都統。馬墍是宕昌（今屬甘肅）人，出於名將世家。張玨是隴西鳳州（今陝西寶雞鳳縣）人，十八歲從軍於釣魚山，因作戰勇敢而不斷升遷，人們號之為「四川虓將」。姜才是濠州（今安徽滁州鳳陽縣）人，少年時被擄掠北上，後來南逃歸宋，以驍勇善戰而知名，但是宋廷不授給回歸之人要職，所以只任副都統之職。

這些堅持抗戰的將領，幾乎無一例外都是江北人，卻成為宋末亂世中的軍事骨幹，對南宋朝廷的忠誠超過大多數身居高官的文臣。宋廷重文輕武，武官對朝政大事很少能直接參與意見。到危急時刻，文官無對策，武官不出力，能有這麼幾位忠勇之士，也算是朝廷的福分了。以制置使之職堅持抗戰到底的文官只有李庭芝，進士出身，祖籍汴梁（今河南開封），也是北方人。

文天祥的話似乎開始應驗了。臨安雖已落入元人之手，但一紙朝廷詔諭並沒有使各地的守臣順風而降，守土力戰的人雖然比降附者、逃跑者少得多，卻足以阻滯元軍的軍事行動。元軍渡江之後，戰線過長、兵力分散的弱點逐漸暴露出來。已經進行了兩

年多的戰爭，使元軍消耗不小，離戰爭的結束還遙遙無期，像鎮
巢軍這樣「降而復叛」的事變，難免再次發生。在江南的元人，既
要安定已佔領的州郡，又要掃蕩殘宋勢力，以宋室降元為轉折，
他們也面臨着一個新的形勢。

第三章

武功與文治

北魏孝文帝遷都洛陽，
改革鮮卑舊俗，遭到來
自本族的非議和反對。
七百五十年後，歷史似
乎又在重演，不過主角
換成了蒙古人。

二月二十五日　大都
忽必烈離開大都城，
北上避暑

　　大隊人馬浩浩蕩蕩地開出大都健德門，一年一度的皇帝北上避暑活動開始了。

　　忽必烈身為藩王時，為了安置幕府人員，便於管理中原軍務和民政，準備在草原牧區和中原農區的交界線附近建造一座新城。1256 年陰曆三月，受命勘定新城地址的劉秉忠選中了位於桓州東、灤水北岸的龍岡。其地北依南屏山，南臨金蓮川，東西都是廣闊的草原，地勢比較平坦，宜於建城。

　　金蓮川在遼、金二朝已被皇帝選作夏季避暑的地點。它原名曷里滸東川，每年六月，川中開滿金黃色七瓣花草，極目望去，一片金浪起伏，所以金世宗完顏雍在大定八年（1168 年）五月取金枝玉葉相連之義，改曷里滸東川為金蓮川。由於金蓮川在燕山之北的高原上，氣候變化很大，夏季夜晚也常常降霜，一天之內寒暑交至，溫差很大。對於逐水草而遷徙的遊牧民族來說，這裡是理想的夏季避暑地點。但是，初到草原的漢人卻會很不習慣，尤其是不習慣住帳幕，所以忽必烈要建城造屋，照顧漢人幕僚的生活習俗。這座草原新城，被命名為開平城（今內蒙古錫林郭勒

盟正藍旗旗政府所在地黃旗大營子東北）。

　　金蓮川在忽必烈的政治生涯中有着特殊的意義。忽必烈原來招攬了一批中原士人，在南駐金蓮川之後，又吸收了不少新人，「金蓮川幕府」成為當時北方儲備人才的大本營，為忽必烈後來的政治革新奠定了基礎。「金蓮川幕府」中的重要人物，首推邢州（今河北邢台）人劉秉忠。

　　劉秉忠博學多藝，尤其精通於易學和天文曆算。他曾出家為僧，號「子聰」，受到北方禪宗臨濟宗領袖海雲的賞識，並由海雲推薦給忽必烈。劉秉忠一方面向忽必烈陳述「以馬上取天下，不可以馬上治天下」的道理，提出改革弊政的建議，一方面用自己的知識為新王朝服務，都城的設計，禮儀、官制的制訂等，無不與他有關，甚至採用「大元」國號，也是出於他的建議。此外，劉秉忠還極力向忽必烈推薦其他儒士。

　　他首先把自己的同學和門生介紹給忽必烈。劉秉忠與邢州人張文謙、交城（今屬山西）人張易曾同學於邢州南面的紫金山，邢台人郭守敬和唐縣（今屬河北）人王恂從學於劉秉忠。這五個人的學問各有所長，忽必烈則能利用他們的專長。劉秉忠精通陰陽術數，忽必烈稱讚他占卜精確，尤受重視，國家大事無不諮詢。秉忠雖然為朝廷效力，仍然身穿僧服，人們常稱他為「聰書記」。

　　至元元年（1264 年）八月，忽必烈命秉忠改服，拜為太保，參領中書省事，同議樞密院事，實際上是朝廷的高級顧問。張文謙、張易均以擅長理政而受到忽必烈重用。張文謙歷任中書省左丞、大司農卿、御史中丞等職，主要參與民政事務的管理；張易歷任燕京行省參政、中書省平章政事，後來任樞密副使多年，主要精力用於軍務的處理之上。王恂精於算術，郭守敬習知天文、水利。王恂被忽必烈委派教導太子真金；郭守敬則先被委派管理水利事

業，歷任河渠副使、都水少監等職，後來則專管天文、曆算。這五個人都曾在邢州學習，人們很自然地把他們歸為一派，稱之為「邢州學派」。

在「金蓮川幕府」中，還有兩位金朝的進士很得忽必烈的喜歡。一位是東明（今山東菏澤東明縣南）人王鶚，金哀宗正大元年（1224年）的科舉狀元；另一位是陳州西華（今屬河南）人徐世隆，正大四年（1227年）的進士。王鶚先被忽必烈召見（1244年），徐世隆則是忽必烈南駐金蓮川時加入幕府。王鶚後來又向忽必烈推薦廣平永年（今河北邯鄲永年區東南）人王磐。王磐與徐世隆為同科進士。

忽必烈即位後，三人先後被用為朝廷典制誥的「詞臣」，王鶚任翰林學士承旨，忽必烈的《即位詔》《中統建元詔》《至元改元赦》等，都出自王鶚之手。至元元年（1264年），徐世隆任翰林侍講學士，至元七年（1270年）改任吏部尚書，此間朝廷的詔命典冊多由徐世隆寫成。王磐隨即任翰林學士，至今依然供職翰林，所寫制誥自然多於王鶚和徐世隆。

忽必烈的幕府裡，還有一批儒學大師，如懷州（今河南沁陽）人許衡、廣平肥鄉（今屬河北）人竇默、洛陽人姚樞等。他們向忽必烈介紹儒學原理和「治國平天下」的策略，對忽必烈後來「效行漢法」起了一定的推動作用。此外，通曉蒙古文的「秀才」趙璧（雲中懷仁人）、澤州陵川（今屬山西）人郝經、曹州濟陰（今山東菏澤）人商挺等，也是幕府中的重要人物。

聚集到金蓮川來的，不僅有當時的文人和名士，也有武人。藁城（今屬河北）的董氏三兄弟董文炳、董文用、董文忠，很快成為忽必烈的親信。董文炳後來在外統軍作戰，地位與阿里海牙等相同；董文忠在宮廷內掌管侍衛親軍。在漢族軍官中，忽必烈最

信任的就是董文炳、董文忠和史天澤。來自其他民族的文人武士，也受到忽必烈的重視。「金蓮川幕府」的人員，在元朝初年大多受到重用，乃是情理中事。

開平城的建造，用了三年時間。傳說劉秉忠選定城址後，因為當地有龍池，無法排乾積水，便奏請忽必烈向龍借地。忽必烈同意，當夜三更雷震地動，龍飛騰而去，第二天人們即用土築成了城基。

忽必烈的登極儀式，就是在開平城舉行的。在確定以燕京為國都的同時，忽必烈已決意把開平作為陪都，實行兩都制。前者是全國政治、經濟、文化的中心，起着遵循中原傳統制度、固結天下人心、聯繫中原乃至江南人士的作用；後者則體現「蒙古本位」所在，起着維護蒙古貴族的特殊利益、聯繫蒙古宗王和貴族的作用。這大體奠定了元朝一代的政制格局。中統四年五月初九（1263 年 6 月 16 日），開平改名為「上都」，人們則習稱為「上京」或者「灤京」。

作為陪都，開平城原來的規模顯然是不夠的，擴建工程很快展開。最重要的工程是至元三年（1266 年）十二月開始修建的上都宮城正殿大安閣。大安閣原是金代故都汴京（今河南開封）的熙春閣，忽必烈令人將它拆卸，運往草原，在上都內重建起來。全閣分為三層，上層設釋迦像，中層是皇帝更衣的地方，忽必烈貯放了一篋衣服，留給後世子孫，使他們能夠經常回憶他的儉樸，以此來力戒驕侈。下層是皇帝會集宗王百官和宴飲的場所。

上都城也是由宮城、皇城和外城組成。皇城在全城的東南角，宮城坐落在皇城的中部偏北。外城的北部是皇家的園林，人們習慣地稱之為「北苑」。為了保持遊牧民族的本色，忽必烈還在上都城外建有蒙古族帳幕式的宮殿失剌斡耳朵。這座帳殿可以拆遷，

殿內可以容納近千人。人們稱帳殿為「行宮」。在上都附近，還專門為皇帝「打圍」（狩獵）開闢了固定的場所。

自確立兩都制的格局後，忽必烈每年來往於大都、上都之間，二月至八月（或三月至九月）在上都度過，其他時間在大都居住。這種例行的北上巡幸活動，被人們稱為「納缽」（意思是皇帝行幸宿營的場所，不管是遷移的帳幕還是固定的營所）。「納缽」一詞在遼代就已出現，寫作「捺缽」。遼朝的皇帝秋、冬季避寒，春、夏季避暑，隨水草，就畋漁，歲以為常，四季各有活動場所，稱為「四時捺缽」。同是遊牧民族的蒙古人，承繼了契丹人的風俗，也把這個名詞沿襲了下來，「納缽」不過是「捺缽」的不同寫法罷了，也有寫作「納拔」「納寶」的。

皇帝每年前往上都，后妃、太子、蒙古宗王以及重要的文武官員都要隨行。中書省、樞密院、御史台等機構，只留一兩名官員在大都處理一般公務，右丞相、左丞相、同知樞密院事、御史大夫等長官，都跟隨在皇帝身邊。朝廷大事的決策，這時就要在大都以外進行了。各官衙的重要公文、奏表和軍情報告，通過急遞鋪及時送到官長和皇帝手中。急遞鋪是專門用於傳送公文的郵驛，簡稱遞鋪，每十里或十五里、二十五里設一鋪，在兩都之間共設 82 處遞鋪。按照規定，鋪兵將公文信件依次傳遞，逐鋪交割，一晝夜要奔行四百里。皇帝到上都後，官員就在各衙署的分支機構議事和處理公務。

皇帝出行，有大批衛士扈從。成吉思汗時建立了一萬人的護衛軍，蒙古語稱為「怯薛」（輪流值宿守衛之意，怯薛成員稱怯薛歹）。「怯薛」分成四班，由建國時的四大功臣博爾忽、博爾朮、木華黎、赤老溫的子弟任長官，輪番護衛於大汗左右。番值的怯薛，三晝夜一換，除了保證大汗及后妃的安全外，大汗的起居飲

食、服裝佩飾等，都由怯薛長官總管，所以時人稱之為「四怯薛太官」。充當「怯薛」的人員大多為勳貴世家、大臣子弟。在「怯薛」中，還設有專掌各種事務的「執事」，均有各自的名號。重要的「怯薛執事」有：

昔寶赤 —— 掌鷹隼者

扎里赤 —— 書寫聖旨者

必闍赤 —— 主文書者

博爾赤 —— 掌烹飪奉飲食者

雲都赤 —— 帶刀環衛者

闊端赤 —— 掌從馬者

八剌哈赤 —— 守城門者

答剌赤 —— 掌酒者

兀剌赤 —— 典車馬者

燭剌赤 —— 掌燈火者

速古兒赤 —— 掌衣服者

怯里馬赤 —— 傳譯者

帖麥赤 —— 牧駱駝者

火你赤 —— 牧羊者

忽剌罕赤 —— 捕盜者

虎兒赤 —— 奏樂者

忽必烈即位後，保留了這種宿衛組織，將「怯薛」作為皇帝的貼身扈衛，在大都時，以其保衛宮城；出行上都時，則充任大帳的護衛。「四怯薛」輪流值勤，從不間斷。當然，一萬人的「怯薛」，並不是每年都隨着皇帝出行，有一部分留在大都，掌管宮廷的日常事務；還有相當一部分人就留在上都「駐冬」，等待下一年春季皇帝到來。忽必烈還根據需要增加了一些「怯薛執事」，如前面所

説的哈剌赤、舍兒別赤等。衛士中擔任雲都赤的，往往是皇帝最為親近的人，即使出任朝廷命官，仍要三日一次輪流入值。皇帝出行，雲都赤走在宮車之前；皇帝上殿，則立在墀陛之下，以防不測。所有大臣的奏章，都由雲都赤轉呈皇帝；若無雲都赤在場，中書省丞相等也不敢進奏折。

除「怯薛」外，忽必烈還在京城設置了侍衛親軍，以適應統治中原的需要。中統元年（1260 年）開始編組的武衛軍，從中原漢軍中抽調三萬名精兵組成。至元元年（1264 年）十月，武衛軍改名為侍衛親軍，分成左、右兩翼，增加兵員萬餘人。至元八年（1271 年）七月，左、右翼侍衛親軍又改編成左、右、中三衛親軍。各衛設都指揮使、副都指揮使掌管軍隊。

衛軍和「怯薛」雖然都是中央宿衛組織，但是職能稍有不同：「怯薛」只負責皇帝的安全，處理宮廷事務和參決朝政，一般不外出作戰；侍衛親軍則負責整個京城的安全，同時又是朝廷的常備精銳部隊，隨時可以派到外地去作戰。在攻宋戰爭中，忽必烈就曾派出一部分衛軍參戰。皇帝每年出巡上都時，也有一部分侍衛親軍充當護衛軍隊。

從大都出發前往上都，開闢了輦路、西路、驛路、東路四條通道。驛路最早開通，長八百餘里，中間要穿越桑乾嶺。桑乾嶺俗稱「槍桿嶺」，真龍天子自然不能上槍桿，所以皇帝北行時不走此路，一般人來往時多走此道。輦路和西路上都設有「納缽」，輦路全長七百五十餘里，設 18 處「納缽」；西路全長一千餘里，設 24 處「納缽」。皇帝在每一個「納缽」一般只停留一夜。東道全長八百七十餘里，由古北口北出，是監察官員和軍隊的專用道路。皇帝每年東出西還，就是從輦路赴上都，經西路返回大都。

皇帝出都之前，供「納缽」所用的牛羊畜群已經出發。大隊人

馬開出健德門後，場景更為壯觀，前有皂纛（黑旗）、駝鼓和馬鼓開道，然後是儀仗隊，皇帝忽必烈居中，坐在巨大的「象輦」上，徐徐前進；皇后、太子、諸王、大臣乘坐馬車或牛車跟進，大隊騎兵護持，浩浩蕩蕩，蜿蜒十數里。

　　用象來做皇帝的腳力，自古中國少見。忽必烈南征大理，從雲南帶回了大象，後來南方的緬甸、占城、交趾等國又進貢了馴象，專門設計的象輦即成為皇帝專用的交通工具。象輦是架在四隻大象背上的大木轎子，每只象有一名馭者。在狹隘的山路上行走或穿越隘口時，皇帝換乘獨象或由兩象背搭的象轎。象的力氣很大，從者不無擔心，後來也確曾發生過象驚事件，但都化險為夷。忽必烈很喜歡這種交通工具，始終沒有把它放棄。可以想見，高高地坐在象輦中，環視龐大的扈行隊伍在平川及高山峻嶺中行進，顧盼自得，也是帝王之尊的忽必烈極好的精神滿足。

　　從大都出來的第一處「納鉢」是大口，距健德門二十里（即今北京海淀北境），留守的官員都到此送行。皇帝南還時，他們還要到這裡來躬候。

　　今年的上都避暑，還有特殊意義。昨日，忽必烈已派人南下，命令伯顏偕南宋降君降臣北上，到上都來觀見大朝皇帝。此外，西北蒙古諸王反跡已露，忽必烈要到草原上去預做一些安排。

正月至二月　沙州
西北蒙古宗王禾忽叛亂，
被迅速平定

　　貴由汗之子禾忽，突然在沙州（今甘肅敦煌）舉兵叛亂，攻掠河西諸城。忽必烈苦心經營了十幾年的西北地區，面臨再次陷入戰亂的危險。

　　蒙古宗王之間的不和，在成吉思汗時已有顯露。成吉思汗與兄弟曾有誓約，取了天下後要各分土地，共享富貴。根據這個約定，成吉思汗在建立大蒙古國後，把蒙古東境劃給弟弟搠只哈撒兒、哈赤溫、鐵木哥斡赤斤、別里古台，作為他們的封地，後來人們習慣地稱搠只哈撒兒等及他們的子孫為東道蒙古宗王。蒙古西境則成為成吉思汗的兒子尤赤、察合台、窩闊台的封地，他們的後代被稱為西道蒙古宗王。成吉思汗幼子拖雷按照蒙古傳統的幼子繼承父輩遺產的習慣，得到了漠北中心區的封地。

　　分封土地的同時，成吉思汗還分給兄弟子侄每人一「分子」（蒙古語稱為「忽必」）百姓。由於全蒙古的百姓都被編組在「千戶」組織之內，所以蒙古宗王屬下百姓的多寡，大體上能從他們所分到的千戶數目上看出來。尤赤、察合台和窩闊台，每人分到四個千戶；搠只哈撒兒、別里古台只各得到一個千戶，哈赤溫分得三

個千戶；鐵木哥斡赤斤按幼子守產的慣例，所得到的千戶最多，他和成吉思汗的母親月倫太后共佔有八個千戶。每個千戶都由成吉思汗指定有功之臣充當千戶「那顏」，世襲管領。成吉思汗自己領有幾十個千戶，他把這些千戶划成左、右兩翼，以博爾朮、木華黎分任兩翼萬戶「那顏」。成吉思汗去世後，左、右兩翼的各千戶就作為遺產由拖雷繼承了。

　　成吉思汗在世時，指定窩闊台為汗位繼承人，這是朮赤與察合台相爭的結果。察合台認為朮赤不是成吉思汗的骨肉，而是孛爾台被蔑兒乞人擄去後所生，分明是蔑兒乞種，不能做大汗的繼承人。朮赤聞言大怒，扭住察合台，要與他決鬥，分個輸贏，被博爾朮和木華黎拉開。察合台提議以窩闊台為汗位繼承人，朮赤勉強同意，拖雷也未持反對意見，問題算是解決了。成吉思汗希望朮赤、察合台不要爭執，天下的地域寬闊得很，宗王可以各守封國，自己擴張領土。他還特別立下規矩：

　　　　——四個弟的位子裡，他的子孫各教一人管。我的位子裡，教一個子管。我言語不差，不許違了。若斡哥歹（窩闊台）的子孫都不才呵，我的子孫每豈都不生一個好的？[1]

　　　　——如果任何人由於驕傲，自行其事，想要當皇帝，而不經過諸王的推選，他就要被處死，決不寬恕。[2]

---

[1] 《元朝秘史》卷一一，第 254—255 節。

[2] 約翰・普蘭諾・加賓尼（John of Plano Carpini）：《蒙古史》，道森編：《出使蒙古記》，北京：中國社會科學出版社，1983 年，第 25 頁。

前面的一段話，是從蒙古文翻譯過來的漢語白話文，不加語法修飾，保留原來蒙古語的語序。元代的公文翻譯，大多采用這種「硬譯公牘文體」。這段話的意思是：四個弟弟的封國，各由其一個子孫管理。我的一個兒子繼承大汗位。不許違背我的話。假如窩闊台的子孫都沒有治國的才能，難道我的子孫們就沒有能幹的後代來承繼汗位嗎？

遵照成吉思汗的「遺訓」，無論是蒙古大汗還是後來的元朝皇帝，都要經過「忽里台」的推舉。「忽里台」是蒙古語，意為「聚會」，元代漢譯為「大朝會」。早期蒙古人的「忽里台」，是部落或者部落聯盟的議事會議，用於推舉首領、決定征戰等大事。成吉思汗建國以後，「忽里台」成為國家的議事會議，蒙古宗王、貴族都要按時赴會，不參加忽里台或遲到者，都要受到處罰。大汗去世之後，應該在全體蒙古宗王和貴族出席的「忽里台」上，討論汗位繼承人問題，推戴德高望重的人為新的大汗。候選人當然早已內定，一般只有一個，無非是由與會者履行一下確認手續而已，也就是所謂的「合力勸進」。當選者照例提出一些理由，表示謙讓，然後欣然接受大家的請求，並要求貴族們宣誓對自己效忠，君臣名分就此確定，隨即舉行隆重的即位儀式。

由蒙古宗王公推有才有德的成吉思汗子孫為全蒙古的大汗，似乎是使國家長治久安的好辦法，但實際上為子孫們爭奪汗位提供了機會，也給大蒙古國的分裂種下了禍根。窩闊台即位之後，尤赤子拔都向西拓地，發展自己的封國，最終以亦的勒河（今伏爾加河）下游的薩萊城（今俄羅斯阿斯特拉罕附近）為首都，建立了欽察汗國。封地在中亞的察合台，也乘機擴大地盤。

窩闊台死後，汗位空懸五年，由皇后脫烈哥那臨朝稱制。鐵木哥斡赤斤想乘亂奪取汗位，率兵至哈剌和林，但不久即為自己

的冒失行為而後悔，自動退走。但是他仍然沒能逃脫懲罰，還是被處死了。脫烈哥那堅持立貴由為大汗，拔都托病不來參加推舉貴由汗的「忽里台」，實際上表示不同意貴由為汗位繼承人。貴由即位後立刻準備與拔都開戰，並於 1248 年初率軍西行。拔都從拖雷妻唆魯和帖尼（這時拖雷已去世多年，他的封地、千戶都由唆魯和帖尼掌管）那裡得到密報，做了充分準備。貴由行至橫相乙兒（今新疆烏倫古河上游）之地，突然死去，是拔都派人把他毒死的，還是染病身亡，或者是宗王間酒醉鬥毆而被殺，眾說紛紜，莫衷一是，始終是一個未解之謎。

1251 年，在拔都的倡議下，尤赤系、拖雷系後王與東道蒙古宗王共同推舉蒙哥為大汗，察合台、窩闊台兩系的子孫不服，先是拒絕參加「忽里台」，後來則秘密攜帶兵器前來赴會，準備在「忽里台」上發難，但是陰謀敗露，來人均被逮捕。蒙哥大開殺戒，將兩系宗王的大多輔佐大臣處決，參與密謀的宗王被奪去封地和百姓。繼承了成吉思汗主要遺產的拖雷後人，由於實力雄厚，終於名正言順地成了大蒙古國的主人。但是這個大蒙古國實際上已經分裂成了幾塊，東道蒙古宗王自成一系，西道蒙古宗王建立了欽察、察合台、窩闊台三大汗國；蒙哥和忽必烈的弟弟旭烈兀，又在波斯和阿拉伯地區建立了自己的封國，後來稱為伊利汗國。

蒙哥去世後，支持忽必烈即大汗位的主要是東道蒙古宗王。忽必烈的幼弟阿里不哥則在西道蒙古宗王和蒙哥汗後人的支持下在漠北稱汗。於是在漠南、漠北各開了一次「忽里台」，大蒙古國並存兩位大汗。忽必烈果斷採取軍事行動，親自統兵前往哈剌和林，攻打阿里不哥；阿里不哥勢竭力窮，眾叛親離，於至元元年（1264 年）七月束手來降，忽必烈赦免阿里不哥。不久，阿里不哥病死。

　　利用忽必烈與阿里不哥抗爭的機會，西道蒙古宗王乘機起而
恢復領地，招納舊部，欽察、察合台、窩闊台三大汗國實力大增，
對忽必烈構成極大威脅。對這些西道的蒙古宗王，忽必烈採取分
化招撫和軍事打擊並用的措施，與忽必烈對抗的宗王被視為「叛
王」，實施限制與打擊；聽從大汗號令的宗王，如窩闊台子闊端的
後人和貴由子禾忽等，則得到朝廷的支持，並利用他們在西北隅
與「叛王」對峙，忽必烈還盡力保持與伊利汗國的密切合作關係，
以此牽制三大汗國的側翼，使他們不能傾全力東進。

　　為保證西北邊陲的安寧，忽必烈調派了大批軍隊建城屯田於
軍事要地，並派自己的兒子那木罕坐鎮阿力麻里（今新疆伊犁州
霍城縣）。至元十二年（1275 年），忽必烈又以功臣木華黎的後人、
中書省右丞相安童為那木罕的輔佐，授給他行中書省樞密院事的
職務，共同處理邊圍軍政要務。正如史天澤所說，「朝廷重臣」只
有安童、伯顏二人，一個南征，一個西出，可見忽必烈對於消滅
南宋王朝和安定西北邊陲同樣重視。

　　西道蒙古宗王對忽必烈的限制、打擊亦有反應。至元六年
（1269 年），察合台汗國國主八剌、窩闊台汗國國主海都與欽察汗
忙哥帖木兒等聚會西道蒙古諸王於塔剌思草原（今哈薩克斯坦塔
拉斯河流域），三方一致同意停止相互間的攻戰爭奪，共同反對忽
必烈和伊利汗阿八哈，並劃分了三個汗國在中亞地區的勢力範圍。
八剌隨後向伊利汗國進攻，被阿八哈擊敗；海都的東犯也被元軍
遏止。至元八年（1271 年），八剌死，海都支持八剌子篤哇即位，
察合台汗國受控於窩闊台汗國。海都和篤哇忙於清除異己、安定
內部，無暇東顧西擾，元軍乘機收復了忽炭（今新疆和田）等地。

　　除了應付西北三大汗國宗王的外來威脅，忽必烈還要協調元
廷境內蒙古宗王的關係。窩闊台汗時，在中原地區登記人口數字，

然後按州縣把中原民戶分封給蒙古親王和功臣。契丹人耶律楚材當時是汗廷的「必闍赤」，他反對這種「裂土分民」的措施，認為這樣做會產生很壞的影響，建議這些民戶每二戶出絲一斤輸於汗廷，每五戶出絲一斤交給領主（稱為「五戶絲」）；在中原的「投下」（封地，又稱「湯沐邑」「食邑」等，蒙古語稱為「愛馬」）裡，各領主只設「達魯花赤」，其他官員由朝廷委派。「達魯花赤」是蒙古語的音譯，意為「鎮守者」，用作各地官衙和軍隊監治長官的專號。窩闊台採納了耶律楚材的建議，但是蒙古宗王和貴族大多把中原投下看作自己的私產，經常派人南來搜刮各種財物、珠寶和武器，在中原大地儼然出現了無數的獨立小王國。這種狀況既阻礙經濟的恢復與發展，不少百姓因不堪忍受領主的盤剝而逃亡，又使得朝廷無法對地方實施有效的管理。

　　忽必烈即位後，把限制各投下的權力作為強化中央集權的一項重要措施。他首先規定五戶絲由官府統一徵收，各投下領主不許擅徵賦稅，並一度廢除了各投下的「達魯花赤」；隨之則限制蒙古宗王、貴族濫收民戶為投下戶，對部分投下的民戶做了調整。在確定北方的路、州建置時，忽必烈特別設置了二十幾個投下直隸路和州，使之具備既為朝廷路州又係投下封地的特徵。各投下封地內的民政、司法等事務，均由當地政府官員與投下官協商辦理。

　　過去的蒙古宗王，尊卑長幼次序混亂，凡成吉思汗家族的人，即所謂「黃金家族」成員，男性為宗王，女性為公主，經過幾代沿傳，宗王越來越多。為加強朝廷對宗王的控制，忽必烈提高自己子孫的地位，先後把那木罕、忙哥剌、奧魯赤、忽哥赤封為北平王、安西王、西平王和雲南王，分別出鎮西北、關中、吐蕃和雲南地區。這些出鎮的宗王，地位在其他蒙古宗王之上，可以專制一方，尤其是握有很大的軍事指揮權力。但是這些地區的民戶、

財賦乃至軍隊，均屬朝廷所有，設專門機構進行管理。

　　後來，忽必烈又把宗王分成兩類數等，用王號和印章來區分地位的高低。由朝廷正式頒賜印章王號的宗王為一類，稱為「大大王」；未獲朝廷印章封號的宗王為另一類，稱為「小大王」。在大大王中，分賜六等印章，持一等金印獸紐者，王號為漢文一字，如燕王真金，稱為「一字王」，在宗王中地位最高。持金印螭紐、金印駝紐、金鍍銀印駝紐、金鍍銀印龜紐、銀印龜紐者，王號為漢文二字，則稱為「二字王」，那木罕等就是二字王。一字王多是忽必烈的子孫，二字王中亦忽必烈子孫居多。非忽必烈後裔的其他支系，按照與朝廷關係的親疏賜給王號和印章，一般每一支系只給一個大大王的名號，由皇帝指定當選者及繼承人。宗王等級不同，政治待遇有很大差別。能夠在一方「出鎮」的宗王，必須是一字王或二字王。

　　在限制蒙古宗王的同時，忽必烈也做了一些安撫工作。按照傳統的做法，大汗每年要頒賜給蒙古宗王不同數額的金、銀、鈔、緞等，稱為「歲賜」。忽必烈繼續向蒙古宗王頒發「歲賜」，當然等級不同的宗王得到的物品數量、質量都不相同。即使是「叛王」，也要把他們那一份留存下來，等待他們降服後再賜給。忽必烈特別增加了東道蒙古宗王的「歲賜」額度，既是表示對他們支持他即位和抗拒西北叛王的感懷，又是安定其心，用物質的滿足來抵消他們的政治野心。

　　忽必烈處心積慮採取的措施，不僅是為了保證邊陲地區的安寧，更重要的是要消除內部分裂和宗王奪權的危險因素。因為徹底掃除宗藩勢力的機會尚不成熟，尤其在發動攻宋戰爭之後，更要防止後院起火，一定的妥協和讓步顯然是需要的。即便如此，已經有一些內部宗王表示不滿；朝政的「效行漢法」，更引起不少

人的非議。西道蒙古宗王乘機大做文章，幾年前，他們派遣使者來質問忽必烈：「我朝舊的傳統制度與漢法不同，你現在久住漢地，建都立城，各種制度全部採自漢法，是出自甚麼動機呢？」[①]西道蒙古宗王要給忽必烈扣上反傳統的帽子：改變蒙古人的傳統制度和生活習俗，採用被征服民族的政治制度和生活習慣，就是對成吉思汗的背叛，就不配做蒙古國家的宗主。

　　忽必烈實際上沒有完全改行漢法，在元朝制度中還保留着相當多的蒙古舊俗。皇帝每年往返於兩都之間，在草原駐夏時接受蒙古宗王、貴族的朝覲，保留「忽里台」的議事方式，就是要體現出對蒙古傳統制度的繼承。忽必烈當然不難向西北的宗王做出合理的解釋，關鍵在於誰有更強大的軍事力量作為後盾。

　　禾忽正是想利用元軍大舉南下、後方兵力空虛的機會，製造事端，挑起元廷與西道蒙古宗王間的大規模戰爭，然後坐收漁翁之利。忽必烈知道海都和篤哇遲早會舉兵東來，與自己決一高低，但是他不希望現在攤牌，不願意禾忽事件成為引發西北戰亂的導火索。所以他一面命令安童等人火速出兵平定叛亂，一面派畏兀兒人昔班為使者，前往海都處，轉達朝廷罷兵通驛的旨意。海都已經起兵，準備援助禾忽，在聽到禾忽已被安童擊敗的消息後，決意暫時停止行動，等待下一次機會，並通過昔班轉告忽必烈，禾忽之亂與他無關。這次危機暫時避免了。

----

① 參見《元史》卷一二五《高智耀傳》。

正月至二月　善闡
賽典赤在雲南提倡
「文治」，初見成效

比起西北地區，雲南的形勢要好得多。

忽必烈對雲南的情況比較熟悉，因為他在 1253 年至 1254 年曾奉命率軍征雲南，經大雪山，過大渡河，穿行山谷二千餘里，抵達金沙江岸。忽必烈軍乘皮筏渡江，攻陷大理城，給段氏大理國以毀滅性打擊。此後，留在雲南的兀良合台（阿朮之父）繼續征討雲南諸部，擒國王段興智，雲南地區大部分落入蒙古人之手。

原來在大理國統治下的雲南地區，西北與吐蕃諸部接壤，東北和東方與南宋國土相鄰，南面有緬甸、交趾等國，地理位置非常重要。控制雲南，可以構成對南宋大後方的威脅，為在吐蕃地區建立有效的統治也提供了便利條件。同時，打通了南下通往交趾、占城、緬甸等國的陸路通道。為了確保蒙古政權對雲南地區的統治，忽必烈採取了「因俗而治」的方略，任命出自大理王族段氏的信苴日總管當地政務，另設大理都元帥府掌管軍隊。

至元四年（1267 年），忽必烈封皇子忽哥赤為雲南王，加強對雲南的控制。四年之後，都元帥寶合丁企圖專橫一方，竟與王府人員串通一氣，在酒中下毒，要毒死忽哥赤。勸農官張立道聞訊

後闖入王府，忽哥赤已經中毒，不能講話，只是抓住張立道的手伸入自己口中，讓張立道觸摸自己滿嘴的亂肉，說明自己是被人害的。忽哥赤死後，張立道密結十三人，準備起而討賊，並派人赴京城告變，不想事情敗露，張立道等全被寶合丁逮捕入獄。

張立道族兄張忠領義士劫獄成功，救出張立道北逃，至吐蕃境，遇見朝廷派來調查忽哥赤遇難事件的御史大夫博羅歡，報告了前後詳情，並與博羅歡一同南下。寶合丁聽說朝廷來人，準備了重金禮品送來，希望來者敷衍了事，不要窮究案情。博羅歡因寶合丁握兵在外，拒收禮物可能激起兵變，暫時收下了禮品，麻痺寶合丁等，隨即迅速趕到大理，將寶合丁及其黨羽一網打盡，全部處死。返回大都後，博羅歡將寶合丁所送禮品原封不動地交給了中書省。

忽必烈對博羅歡的機智果斷十分讚賞，同時為物色合適人選前往雲南重建統治秩序而犯難，最終他選定了賽典赤‧贍思丁。賽典赤又名烏馬兒，不花剌（今烏茲別克斯坦布哈拉）人。「賽典赤」是阿拉伯語 SaiyidAjall 二詞的連讀，Saiyid 指伊斯蘭教什葉派創始人阿里（穆罕默德之婿）後人，自稱是先知穆罕默德的聖裔；Ajall 意思是「最至尊的」，這個稱號大致相當於漢語的「貴族」。成吉思汗征中亞，賽典赤率千餘人迎降，隨從成吉思汗東來，成為「怯薛」成員。成吉思汗只稱呼他為「賽典赤」，以示寵信。窩闊台至蒙哥汗時，賽典赤歷任豐、淨、雲內三州都達魯花赤，太原、平陽二路達魯花赤，燕京斷事官，燕京路總管等職，逐漸熟習中原文化，積累了適應於統治中原地區的豐富經驗。

忽必烈即位後，賽典赤仍然得到重用，歷任燕京宣撫使、吏戶禮三部尚書、大司農卿、中書省平章政事、陝西和四川行省平章政事等職，無論在中央機構任職還是擔任地方官職，都有突出

政績。至元十年（1273 年）閏六月，忽必烈命賽典赤以中書省平
章政事之銜行省雲南，總管雲南政務。忽必烈對他說道：「雲南是
我親自率軍攻佔的，由於用人失誤，引起混亂，民心浮動，現在
我想選擇老成持重的大臣前去安撫人心，整頓吏治，你是最合適
不過的人選。」[①]

　　賽典赤沒有辜負忽必烈的厚望。他很快前往雲南，建省治於
善闡（今雲南昆明），並做了一系列令人稱道的事。

　　繼忽哥赤之後，宗王脫忽魯坐鎮雲南。賽典赤南來，有人挑
撥離間，聲稱此舉一定是來奪脫忽魯之權，脫忽魯乃調集軍隊，
準備兵戎相見。賽典赤聞訊後，派其子納速剌丁去見脫忽魯，轉
達他的來意：「皇帝因為雲南守臣不稱職，導致諸部叛亂，特派我
來安撫，並且誡告我入雲南境後即要設法安定民心，我不敢專斷
此事，希望大王派遣一人來共同商議良策。」脫忽魯派遣親信二
人至賽典赤處，探看虛實。納速剌丁與他們混熟，以兄弟相稱，
這二人乃用兒子見父親的禮節向賽典赤跪拜，並獻上名馬。賽典
赤設宴款待二人，宴後又將忽必烈賜給他的金寶、飲器等贈給他
們，二人大喜過望。賽典赤認為他們雖是王府親信，但沒有正式
官爵，不便處理政務，請求脫忽魯同意授予他們行省斷事官之職，
脫忽魯疑雲全消。行省與王府的關係協調一致了，當地政令基本
上可由賽典赤掌握。

　　雲南各族雜居，既有從事農耕、篤信佛教的白人（又稱僰人，
今白族先民），又有喜鬥好殺、視死如歸的羅羅（又稱烏蠻，今
彝族先民），還有喜好塗飾牙齒的金齒百夷（今傣族先民）、善戰

---

① 參見《元史》卷一二五《賽典赤瞻思丁傳》，下文涉及賽典赤事出處同此。

喜獵的麼些蠻（今納西族先民）、刀耕火種的土獠蠻（今布朗族先民）、巢居山林的斡泥蠻（今哈尼族先民）等。這些民族風俗不同，生業不一，按照儒家傳統觀點看來，就是不懂禮儀，沒有婚姻喪祭規矩，更不讀書，農耕技術也很落後。賽典赤為改變當地的風俗習氣，與張立道等建孔廟，設學舍，勸士人子弟入學，又教當地人跪拜禮、婚姻媒聘和棺槨奠祭等禮節。在安定民生與發展生產方面，他也採取了一系列措施，如興修水利，解除滇池水患，大得灌溉之利，還新增良田萬頃；又如將中原種植粳稻桑麻、養蠶繅絲的先進經驗介紹給當地人，改進他們的栽種、飼養方法，使收利倍增。雲南傳統以貝作為貨幣，稱為「肥子」，與全國通行的交鈔不同。賽典赤特別上書朝廷，請求在雲南交鈔與貝幣通行，得到批准，百姓甚感方便。

　　雲南交通不便，賽典赤與善闡路達魯花赤愛魯等在水陸皆設驛傳，開通驛道，並在山路險峻、盜賊出沒之處設鎮兵防護，每鎮各有一名當地酋吏和一名百夫長共同管理，便利了雲南和內地的往來。

　　至元十二年（1275 年）正月，賽典赤請求改變雲南地區的行政管理體制和軍隊隸屬關係，以雲南宣慰司兼行元帥府事，由行省節度；改變各地原來按蒙古制度劃分的萬戶、千戶為路、府、州、縣，選賢能者為令長。忽必烈同意賽典赤的改革措施。今年正月二十一日（2 月 7 日），賽典赤把改定的各路名號報給朝廷，得到了批准。

　　行省之下，分設三十七路，善闡改名為中慶路，仍然是行省治所所在地。郡縣的行政官員，都由朝廷委任。由於路途遙遠，六品以下的官員由朝廷每三年遣使一次，就地與行省官商議委命，再開具名單呈報中書省追授；五品以上的官員還是要由中書

省除授。到雲南任職的官員可以享受一些特殊待遇，從等級上講，由內地到雲南的官員升二等，赴極邊遠地區的升三等；官員死於雲南任上，可由官府安排車船歸葬鄉里。在當地也任用一批土官，世襲其職，以收攬人心。通過賽典赤等人的努力，加強了元廷對雲南地區的統治，使雲南的地方行政機構達到了與內地基本相同的水平，結束了雲南長期自立一方的歷史。

賽典赤治理雲南，一方面提倡文治，不濫用武力壓服當地各民族的首領人物；一方面盡量照顧到當地民俗，不強迫當地人移風易俗。然而他的作為觸犯了一些人的利益，尤其是朝廷命官不斷前來，當地土吏認為升遷困難，頗有怨言。一些土吏跑到京城，向忽必烈奏報賽典赤有專僭行為。忽必烈「用人不疑」，認定賽典赤憂國愛民，一片公心，這幫人純係捏造事實，誣陷良臣，乃命人將他們押回雲南，交給賽典赤治罪。賽典赤為安定人心，將他們全部釋放，並委以官職。這些人當然感恩戴德，從此竭力為他奔走效命。

賽典赤在必須動用武力的時候，亦能謹慎從事。後來元江路（今雲南玉溪元江縣）的羅槃部叛亂，賽典赤奉命率軍出征，面帶憂色。手下人問他為何憂慮，賽典赤答道：「我不是憂慮自己出征作戰，而是為你們擔憂，你們冒死作戰，死而不值；我還擔心你們擄掠百姓，使得民不聊生，一旦激起事變，你們又得出征。」

大軍抵元江城，羅槃人不出降，諸將請求攻城，賽典赤不准，派使者進城招降，羅槃部主同意出降，但等了幾日未見動作。諸將躍躍欲試，請求立刻麾軍攻城，賽典赤仍然不同意。有的將領不服氣，偷偷帶兵攻城，賽典赤大怒，馬上鳴金收兵，並以違反主將命令、擅自行動的罪名將當事者逮捕，準備軍法從事。他告誡部下，皇帝讓我安撫雲南，不許我們濫殺無辜。羅槃部主聽說

賽典赤如此寬厚仁慈，並能嚴格約束部下，很受感動，率領部眾
出降。這件事在雲南造成很大影響，各部族首領紛紛前來拜見賽
典赤，叛亂事件很少發生了。

　　賽典赤於至元十六年（1279 年）卒於雲南任上。作為一代名
臣，被追封為咸陽王，忽必烈還特別命令雲南行省官員遵守賽典
赤成規，不得隨意變更。

　　元成宗大德四年（1300 年），雲南征緬行省右丞劉深率軍征
八百媳婦國（今泰國北部等地），所過之處，濫徵民夫，虐害百姓，
並向各族首領勒索錢財、馬匹等，激起民變。第二年，亦奚不薛
（彝語，意為水西，指今貴州鴨池河以西）土官阿那之妻蛇節起兵
反元，雲南各部紛起響應，雲南陷入戰亂之中。成宗處死劉深，
發兵十萬入雲南圍剿起義軍，至大德七年（1303 年）二月才擊敗
蛇節，又用了很長時間穩定當地局勢。人們撫今憶昔，拿劉深與
賽典赤做比較，過功分明，有人賦詩歎道：

> 憶昔先帝征南日，簞食壺漿盡臣妾。
> 撫之以寬來以德，五十餘年為樂國。
> 一朝賊臣肆胸臆，生事邀功作邊隙。
> 可憐三十七部民，魚肉豈能分玉石。
> 君不見，南詔安危在一人，莫道今無賽典赤。①

---

① 李京：《過金沙江》，《雲南通志》卷四。

第四章

北上與南下

時世巨變迫使人們重新思考，迅速抉擇。正義與邪惡，崇高與渺小，有時只是一念之差。

三月至四月
臨安至上都
亡宋君臣在元軍押解下，從詔北上

　　二月二十八日（3 月 15 日），董文炳、唆都奉伯顏之命，陪同持忽必烈詔書南來遴選南宋士人的翰林學士李槃、翰林國史院編修官王構入臨安，召南宋太學的上舍、內舍、外舍諸生北上。宋朝實行太學生三舍考選法，將學生分為上舍、內舍和外舍三等，初入學的學生為外舍生，名額不限，春、秋考試兩次，優秀生選升內舍，學生名額限定為二百人；由內舍選升上舍的學生定額百人，上舍生優異者直接由朝廷授官。三舍生亦被稱為「三學」生，臨安城內的太學建在南宋名將岳飛的故邸。

　　衢州江山人徐應鑣，身為太學生，誓不北走，與兒子徐琦、徐崧及女兒元娘商定自焚以赴國難。徐應鑣攜酒肉至太學，祭祝於岳飛祠前：「上天不存大宋，國破家亡，應鑣願以死報國，誓不與諸生一同北上。我死後將寄魂魄於大王身旁，與大王英靈世代永存。」[①] 祭罷，徐應鑣與子女共入梯雲樓，堆書箱於四壁，縱火

---

① 　參見《宋史》卷四五一《忠義六·徐應鑣傳》。

自焚，但被僕役發現，撲滅火焰。應鑣求死不得，怏怏而出，不知所往。第二天，人們在岳飛祠前的井裡發現了徐應鑣等四人的遺體。

不想像徐應鑣一樣死義的太學生，有的悄然溜出臨安，到偏遠州郡暫避風頭，多數則從詔北行。為湊足人數，元人迫使學館僕役在城內指認太學生，有的人因事偶然去過太學一兩次，也被認定為學生，強制北上。

三月初二（3 月 18 日），伯顏入臨安，命行省郎中孟祺等協助李槃、王構清點宋宮廷禮樂祭器、冊寶儀仗及秘書省、國子監、國史院、學士院、太常寺圖書文冊。董文炳早就提醒過他們：「國家滅亡，史不能丟。宋廷十六主，三百餘年的統治，均由太史記錄下來，存在史館，應全部收齊以備後用。」[1] 所以僅史籍及各種注記，就有五千餘冊，都以車載舟運北上。伯顏又命阿里伯等清點宋宮寶藏，阿里伯搜尋甚細，金玉珠寶幾無遺漏，並且逼迫宮人、官員等獻寶，宋人敢怒不敢言。準備北行的宮廷琴師汪元量，用詩歌記下了當時臨安城內的情況：

> 淮襄州郡盡歸降，鞞鼓喧天入古杭。
> 國母已無心聽政，書生空有淚成行。
> 六宮宮女淚漣漣，事主誰知不盡年。
> 太后傳宣許降國，伯顏丞相到簾前。
> ……
> 衣冠不改只如先，關會通行滿市廛。

---

[1]　參見元明善：《藁城董氏家傳》，《清河集》卷七。

北客南人成買賣，京師依舊使銅錢。

北師要討撒花銀，官府行移遍市民。

丞相伯顏猶有語，學中要揀秀才人。

……

伯顏丞相呂將軍，收了江南不殺人。

昨日太皇請茶飯，滿朝朱紫盡降臣。①

「撒花」是波斯語的音譯，意為「禮物」。現在元人以征服者身份進入臨安，向被征服者索求禮物，當然是理直氣壯。宋人了解元人的這個特點，已經做了準備。二月九日成行的宋廷祈請使團，專設掌管禮物官二員，提舉禮物官三員，扛抬禮物的官兵達三千人，就是備好了禮品，要送給元朝皇帝、后妃和各級官員。

伯顏致書宋福王趙與芮，希望他打消疑慮，盡快前來共議國事。三月初九（3月25日），趙與芮應召來到伯顏軍中相會。三月十日，伯顏離開臨安北上，把處理後事的任務交給董文炳、阿剌罕等人。伯顏於閏三月二十一日（5月6日）抵大都，二十三日又啟程前往上都，趕去觀見忽必烈。

三月十二日（3月28日），阿塔海、阿剌罕、董文炳等人持忽必烈詔書進宮，向已經失去江山社稷的謝太后、全太后和小皇帝趙㬎宣讀，命令他們北上面見大元皇帝。詔書中有「免繫頸牽羊」之語，表示寬大降人，不用押解囚犯的方式。全太后與趙㬎向北跪拜，感謝大元皇帝不殺之恩。當日，全太后和趙㬎出宮北行，謝太后因病暫留臨安。元人索宮女、內侍、樂官等從行，宮女抗

---

① 汪元量：《醉歌》，《增訂湖山類稿》卷一。

命投水自殺者數以百計，遵命北上的也有百餘人；福王趙與芮、沂王趙乃猷及謝堂、楊鎮等官員僚屬，北上的達數千人之多。謝堂原來被任命為祈請使，應隨祈請團出發，他向同行的元人納賄，被允許返回臨安，這次也還是沒有躲過去。汪元量等與太學生一道，也隨同啟程。元量賦詩歎國運不濟，幼主遠行。詩云：

> 謝了天恩出國門，駕前喝道上將軍。
> 白旄黃鉞分行立，一點猩紅是幼君。
> ……
> 十數年來國事乖，大臣無計逐時挨。
> 三宮今日燕山去，春草萋萋上玉階。[①]

汪元量自歎命苦，遭際此難，萬里北行，生死未卜，淚眼模糊，但見一片悲慘景象：

> 三宮錦帆張，粉陣吹鸞笙。
> 遺氓拜路旁，號哭皆失聲。[②]

北上的宋人就這樣淒淒慘慘地上路了。像汪元量這樣的文弱書生，從未經受過顛沛之苦，出城不久就步履蹣跚，趔趄難行，押送者毫不客氣，每人責打棍棒三下。到運河登船，押送者給他們一桶稀飯，但是沒有匙筷，飢渴難耐的太學生們已顧不上斯文，

---

① 汪元量：《湖州歌九十八首》，《增訂湖山類稿》卷二。
② 汪元量：《北征》，《增訂湖山類稿》卷二。

在河邊拾蚌殼爭而食之。太學生不比皇親國戚、高官顯宦，投降後有家資可賴，用禮品和賄賂可以換取較優厚的待遇；他們大多只有書箱和隨身衣物，自然換不來押送者的笑臉，只能忍打挨罵。如此困苦的煎熬，有人扛不住了，一路上不斷有人倒斃，屍體即被押解者拋入荒原野草之中。到五月初八（6 月 21 日）抵大都時，一百名北上的太學生只剩下四十六人了。

全太后、趙㬎一行渡江至瓜洲（今江蘇揚州市南），遣人持太皇太后謝道清的書信赴揚州城下，命令李庭芝、姜才等出降。城上不應，放箭射死使者一人，餘人逃回。李庭芝、姜才涕泣發誓，要拼死奪回兩宮，集合四萬將士，在姜才率領下夜出，直抵瓜洲。但是元軍早有防備，已派人護送趙㬎等北走。真州（今江蘇儀征）守將苗再成也準備發兵救駕，自然亦未成功。

跟隨全太后、趙㬎北上的人，尤其是宮女，自知南還無望，一路哀哀戚戚。昭儀王清惠題寫了一首《滿江紅》於館驛牆壁，足以表達他們的情緒。詞云：

太液芙蓉，渾不是，舊時顏色。曾記得，恩承雨露，玉樓金闕。名播蘭馨妃后裡，暈潮蓮臉君王側。忽一朝，鼙鼓揭天來，繁華歇。

龍虎散，風雲滅。千古恨，憑誰說？對山河百二，淚沾襟血。驛館夜驚塵土夢，宮車曉碾關山月。思嫦娥，相顧肯從容，隨圓缺。[1]

① 文天祥：《指南後錄·王夫人詞》，《文天祥全集》卷一四。

　　二月上旬出發的宋廷祈請使團，除文天祥中途脱逃外，均於閏三月十日（4月25日）抵大都，被元廷中書省留都官員迎入會同館安歇。祈請使四人，左丞相吳堅、右丞相賈餘慶、參知政事劉岊和家鉉翁，分住於館內的穆賓堂左右。奉表獻璽納土官是監察御史楊應奎和大宗丞趙若秀，日記官為宗丞趙時鎮、閣贊嚴光大。楊應奎以下的官員、隨從等，分住在館內兩廊的客房中。賈餘慶在抵大都的前一天患病，入城後病情加重，十四日死於館內，次日從會同館後門出殯，草草辦了喪事。家鉉翁日夜哭泣，不進飲食。元人崇其高節，要奏報忽必烈授給他官職，以顯示南人已屈服於北人，家鉉翁堅決表示忠臣不事二主，加以拒絕。

　　降元的淮西制置使夏貴，也受忽必烈詔書北上，於閏三月十二日（4月27日）率將佐三百餘人抵大都。

　　閏三月二十四日（5月9日），全太后、趙㬎等一行人抵大都，吳堅、家鉉翁等出城五里迎接。家鉉翁伏地流涕，奏告祈請使無能，沒有打動元帝之心，保全社稷，旁觀者無不歎息流淚。全太后、趙㬎等被安頓在會同館中堂住下。

　　四月十二日（5月26日），祈請使團啟程前往上都；十五日，全后、趙㬎、福王、沂王和謝堂等也離開了大都，向上都進發。二十二日（6月5日），祈請團到達上都；二十八日，趙㬎等抵上都，等着忽必烈的接見。

　　宋主被迫離開宮廷，和大量的珠寶、圖籍等一起被押送絡繹北上。除了兩浙大都督府外，伯顏於二月十二日（2月28日）設置的浙東西宣慰司也開始行使職責。掌管宣慰司的是原元廷的吏部尚書麥歸、秘書監焦友直和吏部侍郎楊居寬，他們同時兼知臨安府事。經過重大變故的臨安城，在經過了短暫的混亂、蕭條之後，很快恢復了昔日的繁榮景象。不久忽必烈下令改稱臨安為杭

州，稱宋朝為「亡宋」。

　　與北上宋人逆行的，是南來做官的蒙古人、色目人，經商的回回人，以及前來傳播喇嘛教的「西僧」。最引起人們注意的是後來就任江淮諸路釋教都總攝的唐兀人楊璉真加。宋廷宮室人去樓空，楊璉真加為擴大喇嘛教的影響，採用魘勝之術，用佛法鎮壓南宋亡靈。他於至元十五年（1278 年）發掘諸帝「攢宮」（帝王暫殯之所。宋南渡後，帝后塋塚多稱「攢宮」，因宋廷陵寢皆在河南，此處不過暫厝，故有此稱），將諸帝遺骨集於一處，上築一塔魘住，稱為「鎮南塔」。

　　隨即楊璉真加又將南宋宮室改建成寺院，陸續建成尊勝塔和報國、興元、般若、仙林、尊勝五個寺院。尊勝塔形狀如壺，高二百丈，用宋故宮各種花石及進士題名石碑等奠基，楊璉真加還想用宋高宗趙構書寫的《九經》石刻作為基石，被杭州總管府推官申屠致遠勸止。尊勝塔內藏有數十萬卷佛經，外壁則塗飾如雪，所以當地人習稱之為「白塔」「一瓶塔」或「西番佛塔」。楊璉真加還在杭州群山之中鑿窟造像，飛來峰下尤多。南方人看不慣這些醜怪刺目的喇嘛教佛像，而這正是吐蕃人、蒙古人所信奉的神靈，其中自然少不了威名赫赫的大黑天神。

　　南宋遺民對挖陵建塔的行為深惡痛絕，他們不管甚麼佛法魘勝，而是要盡力保護先帝遺骨不受玷污。據說有守陵宦官羅銑，搜集了所有遺骨殮於棺中火化。又有一說是宋太學生林景熙，以銀兩賄賂西僧，得高宗、孝宗遺骨，葬於東嘉。還有一種說法更為離奇，稱儒士唐珏變賣了家產，又借了錢，雇鄉中少年用四郊其他遺骨偷換了宋帝遺骨，葬於他處，並從宋廷常朝殿掘來冬青樹，植於葬所。第二年，唐珏夜夢神人，告訴他義舉必有善報；唐珏當時家貧如洗，尚無妻室，神人預報天帝賜給他妻室與三子，

還有三頃土地，據說後來果然應驗。

　「峨峨天目山，王氣今已休。」先帝「攢宮」被挖，宮殿改為佛寺，悲憤的南宋遺民無力制止，只能長歌當哭，寄情懷於詩歌之中：

> 我欲弔古蹟，落日寒颸颸。
> 無言一尊酒，悲風起閒愁。[1]

① 葉顒：《江南懷古》，《樵雲獨唱》，見《元詩選》初集，北京：中華書局，1987 年，第 2253 頁。

三月二十四日　通州
文天祥等歷盡千辛萬苦，逃脫虎口

　　二月二十九日（3月16日）夜，文天祥從南宋祈請使團中逃出，奔向真州。

　　太皇太后謝道清任命的北上祈請使，並不包括被拘留在元人軍營中的文天祥，左丞相吳堅也因年老多病而被允許留在臨安。二月初八（2月25日），賈餘慶、家鉉翁、劉岊、謝堂四人出臨安登船，伯顏突然通知吳堅、文天祥與祈請使團一同北上，並且逼迫他們於第二天上了船。跟隨文天祥的有天台人杜滸和真州人余元慶等。杜滸留在文天祥身邊，就是準備協助他逃走。

　　二月十日，船泊謝村，文天祥和杜滸本計劃當夜逃走，但三更時負責押送的元軍強迫他們下船，原來是賈餘慶告訴押送官文天祥可能要逃脫，引起了元人的注意，加強了看管，使文天祥的計劃落空。

　　二月十八日（3月4日），祈請使團抵鎮江。為了送招降詔書給李庭芝，阿朮命使團在鎮江停留十餘日，這就給文天祥脫逃創造了機會。但是，文天祥的活動時刻受人監視，一個姓王的元軍千戶一刻不離左右。在鎮江脫身，只能走水路，元軍為圍困揚州，

已把百姓的船隻全部拘收；即使找到船，夜裡出門也很困難，因為元人實行「宵禁」，禁止百姓夜間外出，每個街口都有騎兵把守，沒有元軍的「官燈」提在手裡，休想通過。長江江面上，全是元軍的兵船，連亙幾十里，夜間在江中行船，更是危險萬分。

　　文天祥立意要逃走。他知道一旦使團離開鎮江，渡江北上，更難於脫身。他伺機與杜滸、余元慶商議了逃跑計劃，並且準備了匕首帶在身邊，假如事情敗露，就自殺殉國。元軍對南宋宰執們的從人看管不嚴，他們可以自由活動，杜滸和余元慶等經常在外面活動，觀看地形，尋找船隻。余元慶的一位舊時朋友，這時恰在元軍中管船，經元慶的遊說，此人願意密調一船，為大宋救回一名丞相。杜滸頗有本事，他不但找到了從文天祥住處到江邊的近道，約定了帶路人，還拿到了一盞「官燈」。二十九日中午，元軍押送官突然通知祈請使渡江，賈餘慶等人從命乘舟而去，文天祥推託有事同吳堅商量，第二天與吳堅一同渡江，好在未引起懷疑，否則整個計劃就要落空。

　　夜色降臨，文天祥裝醉，騙得王千戶離開。杜滸約好一塊逃走的十二個人，二人已在船上。由於有「官燈」在手，又有人帶路，所以文天祥等十人很順利地到達江邊；過街口時驚了攔街的戰馬，嘶叫起來，但是守衛士兵都熟睡未醒，有驚無險。但是江邊約定地點沒有船影，等了多時船也不來，急得文天祥要跳江自盡。余元慶涉水找船，終於把船找來，人們慌忙上船，逆江而上。小船在元軍兵船中穿過，又得順風，天明前文天祥一行在真州附近棄舟登岸，直奔真州城下，守城宋軍將他們迎入城內。

　　文天祥能從千軍萬馬中逃脫，真算是一大奇跡了。元人到三月初一（3 月 17 日）才確信文天祥已逃走，在鎮江城內搜索三天，毫無結果，只能處罰王千戶等人。

真州守將苗再成見到文天祥，非常高興。他告訴文天祥，最近有個樵夫砍開一株大樹，樹中生成「天下趙」三字，説明趙宋王朝還有希望，天將助我復國。苗再成建議淮西制置使夏貴與淮東制置使李庭芝在文天祥的協調下，摒棄前嫌，聯手作戰；夏貴可出軍江邊，虛張聲勢，作進攻建康之狀，牽制元軍；淮東諸軍則同時並出，收復鎮江等地，然後四面合圍瓜洲，置阿朮於死地。如果此舉成功，宋軍就可以截斷臨安元軍北歸之路，殲滅元軍主力。

文天祥認為此計大妙，中興全賴於此，立即致書李庭芝、夏貴、姜才等人，希望他們依計行事。但是，苗、文二人不知道夏貴已經降元，這個計劃根本不可能實現。

三月初二（3月18日）晚上從揚州傳來的消息，使苗再成大吃一驚。李庭芝派人告訴苗再成，有人密報元人已指派一名宋丞相前往真州賺城，此丞相可能就是文天祥，應該盡快將其處死。苗再成難辨真偽，不忍心殺文天祥，乃於次日把天祥一行十二人騙出真州，關在城外，又命兩個義軍頭目反覆用言語試探天祥，想弄清他是不是奸細。文天祥慷慨陳詞，甚至要自盡殉國，終於感動了二位頭目，相信他是忠臣，並告以實情。真州是回不去了，二義軍頭目放他們一條生路，讓他們前往揚州。

入夜，文天祥等至揚州城下，不敢進城。文天祥採納杜滸的建議，準備暫避在鄉下，然後尋路到通州（今江蘇南通），渡海下江南，去追隨二王。但是余元慶等四人居然攜金逃走，不知去向。初四，剩下的八人躲在一處半山土圍之中，恰逢押送祈請使團的大隊元軍從旁經過，馬蹄與箭筒撞擊之聲，清晰入耳。幸好大風驟起，烏雲密佈，山色昏冥，文天祥等人才未被發現。初五，文天祥等人再次遇險，幾乎被巡邏的元軍盡數捕去，所幸又是大風四起，元軍只抓走一人，匆匆離去。

　　文天祥逃得性命，不敢進高郵城，因為李庭芝已傳令淮東諸郡捉拿賺城奸細。文天祥被宋、元兩方軍隊追捕，躲來藏去，終於找到稽家莊暫住，並由莊主稽聳於三月十一日（3月27日）派人送進泰州城。至此，文天祥基本脫險了。

　　三月二十四日（4月9日），文天祥泛舟至通州，恰聞元軍正四處搜捕脫走的文丞相，元人的反間計不攻自破，守將楊師亮迎天祥入城。

　　近一個月來，文天祥等幾個人穿行於宋元軍隊對峙的地區，蒙受不白之冤，無法取得宋人信任。他回歸江南心切，又恐被元人捕去，好在似有上天相助，終於大難不死，又可得為宋臣報效國家。他的遭遇與那些被元軍驅趕北上的祈請使、太學生乃至全太后、幼皇帝，形成了鮮明的對照。文天祥畢竟是文人，他用詩歌記述了這段艱難的旅途，並以《指南錄》作為這些詩歌的總名。他把自己與北上宋人做了比較：

　　　我作朱金沙上游，諸君冠蓋渡瓜洲。
　　　淮雲一片不相隔，南北死生分路頭。

　　　公卿北去共低眉，世事興亡付不知。
　　　不是謀歸全趙璧，東南哪個是男兒？[1]

　　由婺州逃出來的益王趙昰、廣王趙昺一行，跑到溫州安頓下來。蘇劉義、陸秀夫等人相繼來會，隨即又派人去召張世傑、陳

---

[1]　文天祥：《指南前錄・真州雜賦七首》，《文天祥全集》卷一三。

宜中等人前來。溫州的江心寺，有高宗皇帝當年躲避金人時用過
的座椅，見物傷情，眾大臣在座下抱頭痛哭。傷感之後，還要面
對現實。眾臣奉趙昰為天下兵馬都元帥，趙昺為副帥，招聚兵馬。
溫州離臨安不遠，元軍遲早會來，不是久住之地，所以張世傑、
陳宜中等以嗣秀王趙與檡為福建察訪使兼安撫、知西外宗王，趙
吉甫知南外宗正兼福建同提刑，先期入閩，安撫民心，為二王繼
續向南轉移做準備。

　　聽說南逃的二王與臣僚聚會於溫州，因病暫留在臨安的太皇
太后謝道清急忙派了兩名宦官帶兵百人前來，要把趙昰和趙昺接
回臨安。陳宜中將來人沉入江中，隨即率眾南下，向福州進發。

　　遠在通州的文天祥，聽到二王在溫州與諸臣相聚的消息後，
馬上尋覓海船，於閏三月十七日（5月2日）離開通州，奔向溫州。
船行至揚子江口時，文天祥即興賦詩道：

> 幾日隨風北海游，回從揚子大江頭。
> 臣心一片磁針石，不指南方不肯休。 [1]

　　詩中表達了他不畏艱險、南還報國的決心，前面說到的《指
南錄》，就是用了這首詩的寓意。可惜文天祥來得晚了，他四月
初八（5月22日）抵溫州後才知道，趙昰、趙昺等已在一個月以
前就離開了。文天祥暫居溫州，一面在附近地區召集豪傑義士，
準備抗擊來犯的元軍，一面等着來自福建的消息。

---

① 文天祥：《指南前錄·揚子江》，《文天祥全集》卷一三。

三月至四月　臨安
為維護統治，元廷實施一系列禁令

三月三日（3月19日），行省官員秉承忽必烈的旨意，下令收繳江南已經歸附朝廷州郡的民間兵器，凡弓箭、刀槍、鐵甲、哨棒，甚至彈弓、鐵禾叉等，都要登記並上繳官府。

此令一下，江南騷動。尤其是興國軍（今湖北黃石陽新縣）等地，已有人聚眾反抗。權知興國軍事的陳天祥，奉行省之命，領士兵十人匆匆趕到興國城中，宣佈當地居民可以暫時持有兵杖，捍衛鄉里，人心才逐漸安定下來。陳天祥向行省報告：

> 鎮遏奸邪，當實根本，若內無備禦之資，則外生窺覦之釁，此理勢必然者也。推此軍變亂之故，正由當時處置失宜，疏於外而急於內。凡在軍中者，寸鐵尺杖不得手，遂使奸人得以竊發，公私同被其害。今軍中再經殘破，單弱至此，若猶相防而不相保信，豈惟外寇可憂，第恐舟中之人皆敵國矣。莫若布推赤心於人，使戮力同心，與均禍福，人則我之人，兵則我之兵，靖亂止

奸，無施不可。^①

陳天祥的意思很清楚，他希望用安定民心的辦法解決問題，而不是把民間的兵器收走。興國軍的變亂，就是由於處置不當，外鬆內緊，城中之人手無寸鐵，無法應付突然事件，官府和百姓都深受其害。現在興國軍內經過摧殘，如果還是不信任城中百姓，而是像防賊盜一樣時刻加以提防，恐怕不只是外寇可慮，同舟之人也可能都變成敵人了。不如以誠心待人，使百姓合力同心，同甘苦共患難，這樣的話，人是我們的人，兵是我們的兵，一切叛亂都能平復。

行省同意陳天祥隨機處置興國軍事宜，陳天祥乃命令居民十家編為一甲，十甲設一長，弛兵器之禁，與民方便。附近山寨聚眾稱兵者，逐漸被瓦解。

陳天祥的措施對安境保民頗有好處，但是與朝廷的旨意相悖。隨着時間的推移，各地官員對兵器的控制日益嚴格，禁網越來越密。一年之後，興國軍改為路，陳天祥被調走，繼任者窮治藏匿兵器之罪，激起民變，大江南北諸州郡多有乘勢殺守將響應者，勢逼鄂州，有人甚至建議殺盡鄂州城內南人以絕內應之患，又被陳天祥所勸止。

儘管有人反抗，禁斷民間兵器最終還是成為有效的法令。不僅是南人，就是漢人 [*]，也不准私自製造、收藏和買賣武器，違禁者要嚴加治罪。收藏一些零散甲片或者已經不堪使用的刀槍、弓

---

① 《元史》卷一六八《陳佑傳》。

* 「南人」與「漢人」的說法，涉及元代「四等人制」，參見本書第233頁。 ── 編者註

弩，一經查出，也要受鞭笞或杖責；比較像樣的軍器如果在私人家中查出，當事人就要被流放或處死。由於官府對告密者有獎，所以有人乘機發財，或是為了報私仇，誣告他人藏匿兵器，因此飛來橫禍、家破人亡的事時有發生。

除了對兵器嚴格控制外，江南社會上的各種「聚會」也很快引起當政者的注意，聚眾祈神賽會、賭博錢物等活動被明令取締，以街市為活動場所的跳神巫婆與賣藝人受到限制，南方傳統的夜聚曉散的飲宴、唱詞等，都在禁止之列。

元人沿襲了前代的宵禁制度，規定以鐘聲為號，一更三點，鐘聲敲過後禁止外出；五更三點鐘響後始可出行。夜間因公務外出的人需執有官府的「信牌」和「官燈」；求醫、報喪的人則必須提燈而行。這一制度很快在江南推行，另外還加了一條燈火管制。入夜之後，往來巡邏的士兵如發現有人未按規定時間熄燈，就在他家門口做出記號，第二天自有官府差人來拘捕治罪。直到至元二十八年（1291 年）六月，忽必烈因江南歸附已久，人心歸寧，才恩准取消燈禁，於是禁鐘之前的市井挑燈買賣和曉鐘之後點燈讀書或做活計等，又成為正常活動了。

為穩定江南社會，除了採用高壓的限制措施外，還要有一定的經濟措施，貨幣使用問題很快凸顯出來。忽必烈即位當年，開始發行「中統元寶交鈔」，簡稱「中統寶鈔」或「中統鈔」，幣面價值分為十文、二十文、三十文、五十文、一百文、二百文、三百文、五百文、一貫文省、二貫文省十等。習慣上稱十文為一分，百文為一錢，一貫為一兩，五十貫為一錠。通行的紙幣以白銀作為「鈔本」，法定比價中統鈔二貫（兩）等於白銀一兩。為便於民間的小額度交易，至元十二年（1275 年）又發行了「釐鈔」，分為二文、三文、五文三等。在元廷的統治區內，中統鈔已成為主要

貨幣，與白銀一同流行。由於「鈔本」充足，發行量控制適度，中統鈔幣值比較穩定。

南宋朝廷從紹興三十年（1160年）開始發行「會子」，以銅錢作幣值本位，面額先以一貫為一會，後來增印二百文、三百文、五百文三種。「會子」是主要通行於東南各路的紙幣，通稱為「東南會子」或「行在會子」。在淮西、淮東地區，通行「兩淮交子」，以鐵錢作為幣值本位，面額分為二百文、三百文、五百文、一貫四種。四川地區通行「川引」，分五百文、一貫兩種。自理宗、度宗以來，為解決財政困難，宋廷不斷增印紙鈔，「會子」「交子」貶值甚烈，物價不斷上漲，民間多不願使用紙幣。賈似道專權時，又發行了「金銀關子」，依然解決不了因紙鈔貶值而帶來的一系列社會問題。

元軍渡江之後，忽必烈想先從整頓貨幣入手，以元朝紙鈔兌換交子、會子，作為在江南地區通行的貨幣，使原南宋統治地區的經濟體制逐步適應元朝統治的需要。至元十二年（1275年）二月，忽必烈命令中書省平章政事阿合馬與姚樞、徒單公履、張文謙、陳漢歸、楊誠等討論江南貨幣問題，阿合馬將討論結果彙報於下：

> 樞云：「江南交會不行，必致小民失所。」公履云：「伯顏已嘗榜諭交會不換，今亟行之，失信於民。」文謙謂：「可行與否，當詢伯顏。」漢歸及誠皆言：「以中統鈔易其交會，何難之有。」

也就是說，姚樞、徒單公履反對用中統寶鈔兌換南宋紙幣，認為還應該繼續讓交子、會子在江南地區流行；陳漢歸、楊誠同

意換幣；張文謙等於沒表態；阿合馬本人贊成陳、楊的意見。忽
必烈向阿合馬宣佈：

> 樞與公履，不識事機。朕嘗以此問陳巖，巖亦以宋
> 交會速宜更換。今議已定，當依汝言行之。[1]

忽必烈批評姚樞和徒單公履不識時務，他曾問過宋降將陳
巖，陳巖也認為應該迅速以中統鈔更換交子、會子，所以忽必烈
決心聽從阿合馬的意見，準備用中統寶鈔兌換宋幣。

忽必烈的選擇是正確的。在即將統一的國土內，貨幣應該統
一起來，否則會給不同地區的經濟交流帶來極大的不便。南宋紙
鈔貶值的弊政，也確實應該革除。至元十二年，元廷印發的中統
鈔是 398194 錠，下一年度印鈔 1419665 錠。元廷多印了幾倍的
紙鈔，就是要用於兌換交子、會子和準備流行於江南。

為維護新秩序而發佈的各種禁令，與南人的生活習俗、娛
樂愛好等頗有相背之處。在江南使用北方的貨幣，也會使人們難
以很快適應。在短時期內要消除江南百姓的敵對意識，並不是一
件容易做到的事。在元朝統治者面前，還擺着一系列亟待解決的
問題。

---

[1] 《元史》卷二〇五《奸臣・阿合馬傳》。

四月十八日
江西龍虎山
道教正一道天師張宗演應召北上

　　江西龍虎山的正一道第三十六代天師張宗演，去年四月接到了由元廷兵部郎中王世英、刑部郎中蕭郁送來的詔書，邀請他北上。現在，忽必烈又派人來催，希望他不要因為江南易主而懷有疑慮，應趕快到北邊與皇帝會見，不要再托故推辭。張宗演決計帶着弟子張留孫遠行。

　　正一道奉東漢時的張陵為祖師，以《正一經》為主要經典。畫符念咒、驅鬼降妖、祈福禳災，是其經常的宗教活動。忽必烈率軍攻鄂州時（1259 年），曾派王一清造訪張宗演的父親（信奉正一道的人不禁婚娶），王一清回報，被訪者稱二十年後天下歸一。忽必烈始終記着此語，現在「神仙」的預言已經應驗，宇內一統指日可待，他當然急於與天師謀面，並準備將總領江南道教的權力授予張宗演。

　　最早從蒙古人之處獲得「神仙」稱號的，是北方全真道領袖、長春真人邱處機。成吉思汗曾特邀邱處機至中亞會面。　1221 年

春，處機率弟子西行，備歷艱辛，於次年春季在大雪山（今阿富汗興都庫什山）觀見成吉思汗。當時成吉思汗正在西征，攻戰頗繁，邱處機進言：「欲一天下者，必在乎不嗜殺人。」成吉思汗向邱處機請教治國良方，處機對以「敬天愛民為本」；問養生之道，則告以「清心寡慾為要」。這些回答深得大汗讚賞。此後全真道風靡一時，勢力大盛，壓倒了中原的佛教，不少寺院被改建成道觀，釋迦牟尼和觀音的塑像被毀壞，改塑道教始祖老君像，或者把釋迦牟尼的像塑在老君像下面坐着。攻擊佛教的《老子化胡經》《八十一化圖》等，更是充斥汗廷上下。

蒙古上層人物本來是佛、道二教並重，見二教矛盾如此尖銳，不能不出面加以干涉了。1255 年陰曆八月，在和林城大內萬安閣下，佛、道兩家展開了激烈的辯論。佛教代表是河南嵩山少林寺長老福裕，道教代表是邱處機的弟子李志常，辯論結果是蒙哥汗判定道士理短，命令他們退還佔據的寺院，修復佛像。道士們不甘心認輸，遲遲不肯退還寺產，於是次年一批佛教上層人物趕到和林，要再次與道士辯論。但由於道眾的有意拖延，辯論未能進行。

1258 年夏季，由忽必烈主持，大集九流名士和僧人、道士，在開平城進行辯論。這次佛教僧人到會三百餘人，其中就有八思巴；道士到會二百餘人，以全真道新任掌教張志敬為首。辯論的中心是《老子化胡經》的真偽。儒士和官員二百餘人也參加了辯論會。僧人們主動出擊，指斥老子化胡成佛純係虛誕之說，其中尤以八思巴詞鋒犀利，表現出色；道士辯解乏力，又不敢按忽必烈的要求顯示「入火不燒」「白日上升」等本領，所以到日下西山時忽必烈即宣佈道士失敗，並按照事先的約定，將參加辯論的十七名道士削髮為僧，勒令道士退還寺產，焚毀《老子化胡經》等偽經。

　　經過這兩次釋、道辯論，釋在道上的格局已經形成，全真道受了重創，聲勢大減。但是重視佛教並不是徹底壓制道教，當政者還要接受道士的效力，全真道和北方的太一、大道派，在忽必烈即位後都得到了撫喻。隨着統一步伐的前進，忽必烈自然也要把江南的道眾拉過來。爭取張宗演來朝，就是一個很好的機會。而張宗演的北上，也抱着乘全真道衰落，使正一道在新統治者支持下獲得發展的企圖。後來的事情，證明了雙方的選擇都是正確的。

　　淮東一隅的戰火，已經阻擋不住人們的南來北往。如今也不知道有多少原來的宋人北上是自願的，但抱有政治企圖而匆匆北走的人肯定是有的。四月初六（5 月 20 日），忽必烈下令准許江南商人到京師來做買賣，這對趨利嗜財的人也有較大的吸引力。自願脫離元人控制、奔往東南沿海、追隨二王麾下的宋人，比北上的人要多一些，但更多的人不離故土，或者為宋固守，或者為元臣民。激烈動盪的一年已經過去將近一半，在未來的七個月裡，多數人的命運已被注定了。

第五章

國破
傷心時

在古人心目中，改朝換代是「天命」的轉移。這真是一個絕妙的解釋：既能洗刷征服者手上的血腥，又能減輕被征服者心中的恐懼。

五月初一至初二　上都
亡宋君臣向元太廟禮拜，
朝見忽必烈

　　伯顏和亡宋廢帝趙㬎、全太后以及祈請使團等，於四月份先後到達上都，等待忽必烈的召見。

　　伯顏秉承忽必烈的旨意，迫使宋廷獻降，兵不血刃進入臨安。大功告成後，伯顏載譽北還，並特別製作了一面大旗，寫上「天下太平」四個大字，帶着北上。忽必烈命令百官出上都城迎接伯顏歸來，這是朝廷的最高禮遇了。中書省平章政事阿合馬捷足先登，比郊迎官員還多走了十多里，來迎接伯顏。

　　伯顏一看到這位因善於理財而深得皇帝信任的回回人，就知道他的來意。宋人宮廷中寶藏很多，貪婪的阿合馬無非是想從伯顏手裡得到幾件。可是伯顏知道朝廷規矩，滅敵國所得寶物，要盡數獻給皇帝，私匿者一經查出，必將受到懲罰。成吉思汗時忽都忽、雍古兒、阿兒海哈撒兒三人入金中都（今北京），檢視宮廷帑藏，雍古兒和阿兒海哈撒兒接受金人禮品，被忽都忽告發，受到大汗的重責。如今制度較開國初年更為完備，誰敢不謹慎從事！伯顏向阿合馬說明自己於南宋宮廷中的寶物一無所取，只能用原來衣服上的玉鈎縧作為見面禮。阿合馬自然不信，反把伯顏

的話看成是對他的輕視，從此懷恨在心，準備伺機報復。

趙㬎、全太后和祈請使團抵上都後，派人與先期到達的伯顏聯繫，想先見見伯顏，被伯顏拒絕。伯顏認為在忽必烈接見他們之前，朝廷大臣不能私自與他們會面。

四月三十日（6月13日），樞密院來人通知次日要宋降君降臣出城拜元人太廟，讓他們做好準備。

五月初一清晨，一干宋人出上都西門五里外，向元廷太廟禮拜，全太后、趙㬎和福王趙與芮等在前，吳堅、謝堂、家鉉翁、劉岊等另作一班，先後頂禮膜拜，並有專人致辭。忽必烈也派朝廷大臣出都拜廟和祭告天地，向天地和祖宗報告滅宋的喜訊，儀式由伯顏主持。

五月初二，正式舉行皇帝接見降君的儀式。全太后、趙㬎等一早即出上都南門，趕到十餘里外的行宮等待。忽必烈聲明前來朝觀的宋人不必改變服裝，依舊穿着過去的服裝，宋君臣則均穿舊日官服，依序排列肅立於宮外。

忽必烈和皇后察必並排坐在宮中的御榻上，蒙古宗王們分坐在左右兩旁。忽必烈先把伯顏召入宮內，表彰他的功勞。伯顏口口聲聲稱滅宋全靠陛下成算和阿朮等戰將效力，自己沒有甚麼功勞。如此謙虛的回答，當然使忽必烈十分高興。

接着，忽必烈命人將趙㬎宣入大安閣。對一個年甫七歲的孩童，不必苛求過多的禮節，只是履行一下降君拜見勝利者的儀式而已。忽必烈頒旨，授趙㬎開府儀同三司、檢校大司徒，封為瀛國公。制書出於詞臣王磐之手，其略文如下：

　　我國家誕膺景命，奄有多方。炎風朔雪之鄉，盡修職
貢；若木虞淵之地，靡不來庭。罄六合而混同，豈一方

之獨異。用慰徯蘇之望，爰興問罪之師。戈船飛渡而天
塹無憑，鐵馬長驅而松關失險。宋主㬎乃能察人心之向
背，識天道之推移，正大奸誤國之誅，斥群小浮海之議，
決謀宮禁，送款軍門，奉章奏以祈哀，率親族而入覲。是
用昭示大信，度越彝章，位諸台輔之尊，爵以上公之貴。①

　　制書強調元朝統一天下是代表天意，順從民意，所以旗開得
勝，所向披靡。南宋國主趙㬎能夠看出天道變化和人心向背，懲
罰誤國奸臣，拒絕逃亡海上建議，毅然決定向大朝投降，並親自
率宗親來朝覲，誠心可嘉。所以忽必烈表示寬宏大量，並要從趙
㬎開始，善待趙宋宗室子孫。
　　世人總不免發些議論，將太祖發動陳橋兵變取代後周，建立
宋朝，與延續三百餘年的宋廷降元，做一番比較，有人賦詩道：

　　　當日陳橋驛里時，欺他寡婦與孤兒。
　　　誰知三百餘年後，寡婦孤兒亦被欺。②

　　更有人後來振振有詞地說道，宋興於後周顯德七年（960 年），
亡於德佑二年，而亡君名㬎，「顯（㬎）德」二字不期而合；周是
太后幼主禪位，宋是太后幼主喪國，更是如出一轍，這不都是天
意預定、因果報應嗎？
　　不管人們怎麼想，宋室投降的手續至此就算是辦完了。從窩

①　王磐：《降封宋主為瀛國公制》，《國朝文類》卷一一。
②　田汝成：《版蕩淒涼》，《西湖遊覽志餘》卷六。

闊台汗發起攻宋戰爭算起，歷經四十多年，這個最頑固的敵手終
於俯首稱臣，由少數民族建立的王朝統一全中國已經成為事實，
忽必烈能夠向列祖列宗做出一個極好的交代了。

　　待南宋全太后、福王趙與芮和祈請大臣吳堅、謝堂等拜見皇
帝、獻上禮物後，接見儀式結束。忽必烈照例大擺「詐馬宴」以示
慶祝。新來的宋人也參加了宴會，大開眼界。從上都到後來返回
大都，這樣的宴會共開了十次，汪元量用詩歌記下了宴會的情形，
頗為翔實：

　　　　皇帝初開第一筵，天顏問勞思綿綿。
　　　　大元皇后同茶飯，宴罷歸來月滿天。

　　　　第二筵開入九重，君王把酒勸三宮。
　　　　駝峰割罷行酥酪，又進雕盤嫩韭蔥。

　　　　第三筵開在蓬萊，丞相行杯不放杯。
　　　　割馬燒羊熬解粥，三宮宴罷謝恩回。

　　　　第四排筵在廣寒，葡萄酒釀色如丹。
　　　　幷刀細割天雞肉，宴罷歸來月滿鞍。

　　　　第五華筵正大宮，轆轤引酒吸長虹。
　　　　金磐堆起胡羊肉，樂指三千響碧空。

　　　　第六筵開在禁庭，蒸麋燒麆薦杯行。
　　　　三宮滿飲天顏喜，月下笙歌入舊城。

第七筵排極整齊，三宮游處軟輿提。
杏漿新沃燒熊肉，更進鵪鶉野雉雞。

第八筵開在北亭，三宮豐燕己恩榮。
諸行百戲都呈藝，樂局伶官叫點名。

第九筵開盡帝妃，三宮端坐受金卮。
須臾殿上都酣醉，拍手高歌舞雁兒。

第十瓊筵敞禁庭，兩廂丞相把壺瓶。
君王自勸三宮酒，更送天香近玉屏。①

　　宴會上，與宴者無不興高采烈，開懷暢飲，只有皇后察必悶悶不樂。忽必烈驚問緣故，察必答道：「我知道自古以來沒有千年王朝，不要讓我的子孫遇此遭遇，就是幸事了。」當時殿前陳列着剛從宋廷運來的各種寶物，忽必烈請察必觀看，察必遍視後即離去。忽必烈急忙派人追問皇后欲取何物，察必遣人回報：「宋人把這些東西貯藏起來留給他們的子孫，子孫不能守護，盡歸之於我朝，我怎忍心取一物呢！」②皇后的這些話，極有深意，表達了居安思危的思想。忽必烈又何嘗不如是看呢？

　　在宴席上，忽必烈問吳堅：「你已年老，為甚麼還要當丞相管理國政呢？」吳堅答道：「自陳丞相（宜中）以下官員，都逃走了，朝廷中沒人任職，沒人肯當丞相，所以我才當了丞相，時間也很

①　汪元量：《湖州歌九十八首》，《增訂湖山類稿》卷二。
②　參見《元史》卷一一四《后妃一‧察必傳》。

短。請皇帝准許我這衰老之人回鄉養老吧。」^①忽必烈沒有同意吳堅的請求，對於投降的南宋君臣，他已經想好如何安排了。

來到北方的宋人，開始尋找自己的歸宿。少數人選擇了殉節，如陳、朱二位宮人，與二名婢姬一道，沐浴更衣，自縊於房中。朱氏在衣袖中還留下了一首四言絕命詩：

> 既不辱國，倖免辱身。
> 世食宋祿，羞為北臣。

> 妾輩之死，守於一貞。
> 忠臣孝子，期以自新。^②

那位題寫了《滿江紅》的王清惠，自願遁入空門，得到准許，後來成了道姑，道號「沖華」。汪元量等人與她往來頻繁，無非是賦詩聽琴而已。有的宮女則成了尼姑。不少宮人被強迫嫁給當地的工匠等人。還有部分宮女留在元人宮廷中。元廷後來開科取士，入宮南女不忘故土，也「私喜南人擢狀元」。^③

對全太后等人，元廷極盡優渥禮遇之事，有詩將他們的生活安排記載得十分具體：

> 每月支糧萬石鈞，日支羊肉六千斤。
> 御廚請給蒲桃酒，別賜天鵝與野麕。

① 參見嚴光大：《祈請使行程記》，見劉一清：《錢塘遺事》卷九。
② 田汝成：《版蕩淒涼》，《西湖遊覽志餘》卷六。
③ 楊維禎：《宮辭十二首》，《鐵崖先生詩集》戊集。

三宮寢室異香飄，貂鼠氈簾錦繡標。
花毯褥裀三萬件，織金鳳被八千條。

客中忽忽又重陽，滿酌葡萄當菊觴。
謝后已叨新聖旨，謝家田土免輸糧。

三殿加餐強自寬，內家日日問平安。
大元皇后來相探，特賜絲紬二百單。①

　　即使這樣，皇后察必還感到於心不安。她念全氏是南方人，不習慣北方水土，數次請求忽必烈放她回江南居住。忽必烈不同意，他考慮的不僅是全氏等人的生活安排，更重要的是亡宋太后的政治影響。他回答察必說：「你是婦人短見，假若放全氏等回江南，流言一起，就有滅族之災，這樣並不是對她們的愛護。要是愛護她們，只要經常撫卹安慰，讓她們安心過舒適日子就行了。」②忽必烈不僅不放全氏南還，還派人南下把亡宋太皇太后謝道清也接到京城居住，降封為壽春郡夫人。

　　全氏後來成為正智寺的尼姑，這是她離開臨安時就已經下定的決心，當時她把自己畫像送給族人，像中的人已是縞素道服了。全氏死於正智寺，忽必烈命詞臣作挽詩悼之，其中有「繁華如夢習空門，曾是慈明秘殿尊」「回首錢塘江上月，夜深誰與賦《招魂》？」③等句。

①　汪元量：《湖州歌九十八首》，《增訂湖山類稿》卷二。
②　參見《元史》卷一一四《后妃一·察必傳》。
③　田汝成：《版蕩淒涼》，《西湖遊覽志餘》卷六。

謝道清在大都住了七年，七十四歲時病故。對亡國之難，謝道清並不自責。她從大都向江南發回帛書，聲稱已代表各地帥臣具報姓名歸附聖朝，為的是保全社稷和救護生靈。這樣的行為當然只能招來南人的譏諷，但是她本人的遭際也頗令人同情。汪元量曾作詞為謝后祝壽，有「望斷燕山薊水，萬里到幽州。恨病餘雙眼，冷淚交流」[1]等句。謝道清去世後，元量又賦詩挽道：

> 羯鼓喧吳越，傷心國破時。
>
> 雨闌花灑淚，煙苑柳顰眉。
>
> 事去千年速，愁來一死遲。
>
> 舊臣相吊後，寒月墮燕支。[2]

瀛國公趙㬎，原來被安排住在大都。至元十九年（1282年）十二月，福建僧人慧堂至京城以談星象為名求見中書省官員，陳說近日土星犯帝座，恐怕大都內會有異變。此時文天祥被關押在大都城內的牢獄裡，城中發現匿名信，聲稱要火燒蕆城之葦草（大都城的土牆遇雨容易崩塌，每年都要用葦草鋪蓋防止雨蝕），以兩翼兵入城，救文天祥出獄。恰恰又有中山人薛保住，自稱宋王，聚眾數千人欲救文天祥。中書省官員急忙上奏忽必烈，獲准將趙㬎等宋宗室遷到上都定居。次年正月，薛保住被捕殺，而他就是匿名信的作者。忽必烈因此規定，今後凡以匿名書告事的，重者處死，輕者流放遠方。

---

① 汪元量：《婆羅門引‧四月八日謝太后慶七十》，《增訂湖山類稿》卷五。

② 汪元量：《太皇謝太后挽章》，《增訂湖山類稿》卷三。

　　這一事件引起了忽必烈的警覺，並由此改變了趙㬎的命運。趙㬎原本可以在都城裡度過一生，但繼至元二十一年（1284 年）元廷大量遷徙內地的南宋大臣後，二十五年十月二十四日（1288 年11 月 19 日），忽必烈把趙㬎打發到吐蕃薩斯迦寺去修習「佛法」。這樣做的目的，就是要把亡宋幼主送到人煙稀少的地方，由皇帝信任的僧人控制他的行動，既消除了南宋遺民的救主復國目標，又繼續保有朝廷優待降人的美名。

　　已經成年的趙㬎，倒是有緣修法。他不僅學會藏語藏文，翻譯了《因明入正論》《百法明門論》等佛學著作，還居然成為薩斯迦寺的「本波講師」（主持講經的人），吐蕃人尊稱趙㬎為「蠻子合尊」「合尊法寶」。蒙古人把宋人稱作「蠻子」，吐蕃人也受其影響，而「合尊」就是世人對王室子孫棄位出家為僧的尊稱。

　　至治三年（1323 年）四月，災難突然降臨。元英宗碩德八剌下詔將瀛國公趙㬎處死。碩德八剌不是一個糊塗人，他在位期間頗有建樹，而且南宋滅亡已經四十餘年，他怎麼會想起殺掉皈依佛門多年的趙㬎呢？這個謎到了元朝後期仍然沒有完全解開，但總算有了幾種說法。

　　流傳較廣的說法是，趙㬎的死是由於一首詩的緣故，詩是這樣寫的：

　　　　寄語林和靖，梅花幾度開？
　　　　黃金台下客，應是不歸來。①

---

① 　陶宗儀：《宋幼主詩》，《南村輟耕錄》卷二〇。

　　這本來是趙㬎的感懷詩。詩中的林和靖，即北宋高士林逋，錢塘人，以詩文著稱，初漫遊於江淮之間，後來歸隱於西湖孤山，二十年足不入市，終身未娶。黃金台是大都城八景之一。趙㬎思念家鄉，故有此作，但是有人向英宗報告，說趙有意諷動江南人心，於是英宗下令處死趙㬎。這種說法頗為可疑，因為按詩文的口氣，應該是在大都時所作，趙㬎出家後未再入京師，難道英宗會翻出幾十年前的老賬把他定罪處死嗎？

　　藏文史書有另一種說法：「先前，當蠻子宮殿被蒙古人火燒之時，蠻子幼帝歸順了蒙古皇帝，但沒有得到信任，被放逐到薩斯迦地方修習佛法，有不少人聚集在他周圍。此時，蒙古皇帝的占卜師聲稱將有西方僧人反叛，奪取皇位。皇帝派人前去查看，將有許多人追隨蠻子合尊的情況奏報皇帝，皇帝即下令將他斬首。赴刑場時，他發下誓願：『吾並未謀反，竟然就戮，願下世奪此蒙古皇位。』由此願力，他轉生為漢人大明皇帝，奪取了蒙古皇位。」[1] 至治三年三月，確曾因吐蕃朵甘思和參卜郎（今四川理塘北）諸族聚兵劫殺往來使者，碩德八剌命鎮西武靖王搠思班等發軍攻討。把這件事與趙㬎的死聯繫在一起看，藏文史書的說法應該更可信些。當然，所謂轉世之說，純係子虛烏有。

　　在漢地後來又增加了新的說法，使趙㬎的公案歷明、清而至近代，依然疑雲重重。

　　元朝末年，隱士權衡作了一部野史，稱作《庚申外史》，記載元順帝妥懽帖睦爾一朝的歷史。妥懽帖睦爾生於庚申年（1320 年），所以權衡稱他為庚申帝。權衡記下了一則傳說，稱瀛國公趙㬎曾在

---

[1]　達蒼宗巴・班覺桑布：《漢藏史集》，陳慶英譯，拉薩：西藏人民出版社，1986 年，第 158 頁。

甘州寺院中納一回回女子，於延佑七年四月十六日（1320 年 5 月
24 日）生一子。恰好明宗和世瑓經過此寺，見寺上有龍文五彩氣，
即入寺詢問究竟，得知瀛國公剛得一子，則求為己子，並連其母一
同帶走。這個新生兒就是後來的庚申帝。

　　這種說法，到了明朝洪武（1368—1398 年）初年，被福建政
和縣儒學訓導余應大大發展了，他作了一首想像力極為豐富的詩：

> 皇宋第十六飛龍，元朝降封瀛國公。
> 元君詔公尚公主，時蒙錫宴明光宮。
> 酒酣舒指爬金桂，化為龍爪驚天容。
> 元君含笑語群臣，鳳雛寧與凡禽同。
> 侍巨獻謀將見除，公主夜泣沾酥胸。
> 瀛公晨弛見帝師，大雄門下參禪宗。
> 幸脫虎口走方外，易名合尊沙漠中。
> 是時明宗在沙漠，締交合尊情頗濃。
> 合尊之妻夜生子，明宗隔帳聞笙鏞。
> 乞歸行宮養為嗣，皇考崩時年甫童。
> 文宗詔降移南海，五年乃歸居九重。
> 壬癸枯乾丙丁發，西江月下生涯終。
> 至今兒孫主沙幕，吁嗟趙氏何其隆。
> 維昔宋祖受周禪，仁厚綽有三代風。
> 雖因浪子失中國，此為君長傳無窮。[1]

---

[1] 黃裳、郭斯垕修纂，福建省地方誌編纂委員會整理：《政和縣誌（永樂）》卷二《賢士》。

　　永樂（1403—1424 年）年間，出身星相世家的袁忠徹陪同皇帝觀看歷代帝王圖像。永樂帝發現元順帝相貌不同於元朝皇帝，而類似宋朝皇帝，問以緣故，袁忠徹答不出來。不久袁忠徹從黃潤玉處聽來了順帝為趙㬎之子的說法，又找到余應的詩，加上自己的發揮，在他的《符台外集》中就有了一段更精彩的描述。

　　後人既有附會這些說法的，也有辨其荒謬的。製造順帝是趙㬎之子說法的人，鑽了元文宗曾說妥懽帖睦爾不是明宗嫡子的空子，把下落不明的趙㬎抬出來做了他的父親，實際上反映的是南宋遺民希望復國的心態。故事編得本不高明，但經過明人的加工和傳抄，影響越來越大，晚清一些史學家亦持相信態度，於是到了 20 世紀 80 年代，還有人出來撰文證誤。

　　隨同趙㬎北上的宋宗室成員，有福王趙與芮、沂王趙乃猷等。趙與芮離開臨安前，給北方來的重要官員贈送重禮，只有董文炳卻之不受，其他人都納之無愧。忽必烈命人將趙與芮等安置在大都城內居住。至元十四年（1277 年）正月，與芮的家財運到京城，忽必烈下令還給與芮。在查核財物時，發現了與芮的送禮冊子，上面果然沒有董文炳的名字，忽必烈由此更器重董文炳。次年正月，忽必烈授給趙與芮金紫光祿大夫、檢校大司農、平原郡公的名號。至元十九年（1282 年）十二月，遷宋宗室人員至上都，趙與芮因年老而受到特殊照顧，忽必烈批准他留在大都居住。與芮死於至元二十四年（1287 年），子孟桂承襲了平原郡公的稱號。

　　忽必烈讓伯顏推薦趙氏子孫中的賢能者，伯顏向忽必烈介紹了鄂州教授趙與票的情況。伯顏率大軍渡江，趙與票至軍門上書，力陳不嗜殺可以一統天下的道理，並請求保全趙氏宗黨。忽必烈認為此人可用，乃派人赴鄂州召與票北上。九月，趙與票至大都，被授以翰林待制之職，後來升為翰林學士。成宗大德七年（1303 年），

與羆病死，家貧沒有葬資，皇帝特命官府頒鈔給車，送回台州黃岩安葬。宋宗室成員能夠享此殊榮者，自然不是很多。

陪同趙㬎、全太后北上的一批宮廷宦官（元人稱為「火者」），多數入元宮中當差。其中有錢塘人羅太無，後因患病而被准許出宮，在大都城內居住，以讀書待客自娛。他的侄子也是宦官，泰定帝年間（1324—1328 年）得勢，公卿官僚無不與他往來，羅太無卻閉門不見此人。一天，其侄又來叩門拜見，太無隔門對他說道：

> 你阿叔病，要靜坐，你何故只要來惱我，使受你幾
> 拜，卻要何用？人道你是泰山，我道你是冰山。我常對
> 你說，莫要如此，只不依我。你若敬我時，對太后宮裡
> 明白奏我老且病頹，乞骸骨歸鄉。若放我歸杭州，便是
> 救我。

其侄返宮奏報，得到批准。羅太無載書於車上，叮囑侄子不要仗勢欺人，驅車出大都齊化門，仰望城樓笑道：「齊化門，從此別矣，我再不復相見你矣！」[1] 太無返杭不久病死，其侄後來則因貪贓獲罪，流徙遠方。

北上的宋宗室成員、兩宮太后及宮人、內官等，得到了比較寬大的待遇。忽必烈優待降人，除了表示大朝的氣度外，還有招徠遠人的意思。但是遠在東南沿海的一小群宋人，顯然沒有被打動。

---

① 孔齊：《羅太無高節》，《靜齋至正直記》卷一。

五月初一　福州
逃亡中的南宋益王趙昰登極，改元「景炎」

　　護送趙昰、趙昺至福州的陳宜中、張世傑等人，選擇了今天奉新皇帝即位。

　　這個日子的確定，着實有一番苦心。高宗皇帝趙構，就是在徽宗趙佶和欽宗趙桓被金人擄去後，在建炎元年五月初一（1127年6月12日）登壇受命，即皇帝位，後來南渡定都臨安，奠定了偏安江南的格局。他的後人，難道不能讓歷史重演嗎？

　　清晨，預備作為皇帝宮邸的大都督府內突然發出巨響，府內的人都驚慌失措地撲倒在地。這雖然是一個不祥之兆，人們還是按計劃舉行了即位儀式。九歲的益王趙昰被送上皇帝寶座，他的母親楊淑妃被冊立為皇太后，垂簾聽政，改元「景炎」。福州被改名為福安府，大都督府成為垂拱殿，便廳為延和殿。廣王趙昺晉封為衛王。

　　新朝廷仍以陳宜中為左丞相兼樞密使，都督諸路軍馬；李庭芝為右丞相，這不過是遙授而已；陳文龍和劉黻為參知政事，張世傑任樞密副使，陸秀夫任簽書樞密院事，蘇劉義主管殿前司，王剛中知福安府。同時授文天祥觀文殿學士侍讀，派人去召他到福安府來。

　　換了新君，朝臣仍為舊人。陳宜中還是剛愎自用，並且心懷鬼胎，沒有多少長遠打算。陳文龍曾經臨難脫走，心中有愧；劉黻還沒有到任，就死於途中。陸秀夫一副正人君子相，循規蹈矩，每遇朝會，必正笏直立，但是太愛發議論，意見又總與陳宜中不合。這些人，當然還要靠着張世傑的軍隊支撐，而張世傑雖然認定北人不可信任，絕無降意。但是與元軍多次交手，敗多勝少，所以對揮師反攻、收復失地信心不足，他着急的是如何能夠製造更多的海船，以備繼續南逃時使用。張世傑不滿意文臣之間的相互攻訐，而陳宜中曾使人彈奏，欲罷陸秀夫之職，將他逐出朝廷。張世傑責備陳宜中，在這種時候還用老辦法排除異己。陳宜中惶恐，急忙把陸秀夫召回。

　　元人佔領臨安後，忙着安排降君、降臣等北上和搬運宮中寶藏，部分精兵猛將已經抽調北返，留下的軍隊需要重新調配和部署，才能對南宋殘存軍事力量發起新的攻擊。淮東的李庭芝、四川的張珏和廣西的馬墍等，雖然仍然在為宋廷堅守着幾塊地盤，但是與新建立的小朝廷相隔太遠，幾支力量又無法相互支持，元軍暫停進攻給了他們拖延時間的機會，軍事失敗的陰影卻始終無法擺脫。

　　在東南一隅擁立新主的宋人，根本顧不上遠方忠臣的命運，新朝廷內部的危機並不比外部壓力輕鬆。江西制置使黃萬石和廣東經略使徐直諒，已經派人與阿里海牙和李恆聯繫，準備投降。聽到新君即位的消息，黃萬石的下屬劉浚、宋彰、周文英等人率軍離開，來為新朝廷效力。

　　為穩住東南局勢，陳宜中等命趙溍為江西制置使、吳浚為江西招諭使、謝枋得為江東制置使，分兵出擊，招聚兵馬，安定民心。

　　二十天後，黃萬石正式向元軍投降。徐直諒聽說新君已立，

拒絕他派出的請降使者梁雄飛返回廣州。梁雄飛已被元江西都元帥府命為招討使，率軍趨廣州。

　　五月二十六日（7月9日），文天祥從海路趕到了福安府。他在溫州聽說趙昰即位的消息，很是振奮。待抵達所謂「行都」，看到的仍是陳宜中在決斷大小事務，並且毫無長期堅持抗戰的打算，他無法掩飾心中的不快，所以當陳宜中等準備讓他以右丞相兼樞密使都督諸路軍馬時，他堅決拒絕。不久，文天祥請求返回溫州，集合軍隊，以圖進取。陳宜中則以已經放棄溫州，應靠張世傑的軍隊扼守福建為理由，否定了文天祥的建議。

　　面對這批既專橫又無能的官僚，文天祥又能說甚麼呢？多年後，文天祥用杜甫詩句連綴成新詩，描述自己的顛沛生涯和國運不濟，其中即有到福安府前後的感歎，前一首述趙昰即位，後一首譏張世傑專以逃亡海上為大計。詩云：

> 漢運初中興（《述懷》），
> 扶顛待柱石（《入衡州》）。
> 疇能補天漏（《寄岑參》），
> 登階捧玉冊（《往在》）。
>
> 天王守太白（《九成宮》），
> 立國自有疆（《前出塞》）。
> 捨此復何之（《後遊修覺寺》），
> 已具浮海航（《壯遊》）。①

---

① 文天祥：《集杜詩·景炎擁立·幸海道》，《文天祥全集》卷一六。

第六章

學興
與舉
曆修

釋氏掀天官府，道家
隨世功名。俗子執鞭
亦貴，書生無用分明。

六月初六　大都
太學生上疏建議加強儒學教育

　　早在至元六年（1269 年）八月，已經有人指出孔祀絕封，廟戶當差，恐怕聖道之湮廢，時日不久。今天，忽必烈下令以孔子五十三世孫、曲阜縣尹孔治暫時代管孔廟祀享諸事。他要等着在江南襲封衍聖公的孔洙北上後，授給孔洙正式的名義和權力。

　　太學生不忽木，與同舍生堅童、太答、禿魯等一道，向忽必烈上疏，建議擴大國學，疏云：

> 　　臣等聞之，《學記》曰：「君子如欲化民成俗，其必由學乎！」「玉不琢不成器，人不學不知道。」故古之王者，建國君民，教學為先。……況我堂堂大國，奄有江嶺之地，計亡宋之戶不下千萬，此陛下神功，自古未有，而非晉、隋、唐之所敢比也。然學校之政，尚未全舉，臣竊惜之。
>
> 　　臣等向被聖恩，俾習儒學。欽惟聖意，豈不以諸色人仕宦者常多，蒙古人仕宦者尚少，而欲臣等曉識世務，以任陛下之使令乎？然以學制未定，朋從數少。譬猶責

嘉禾於數苗，求良驥於數馬，臣等恐其不易得也。為今
之計，如欲人材眾多，通習漢法，必如古昔遍立學校然後
可。若日未暇，宜且於大都弘闡國學。擇蒙古人年十五
以下、十歲以上質美者百人，百官子弟與凡民俊秀者百
人，俾稟給各有定制。選德業充備足為師表者，充司業、
博士、助教而教育之，使其教必本於人倫，明乎物理，為
之講解經傳，授以修身、齊家、治國、平天下之道。①

　　不忽木等人引用儒學先聖孔子的話，說明教育與學習的重
要性：歷代君主建國馭民，都以教學為先務。皇帝武功卓著，滅
宋而統一全中國，業績遠在晉、隋、唐等王朝之上，但是興學辦
教育，制度還很不完備，着實令人痛惜。蒙古太學生們秉承皇帝
旨意，學習儒學，就是因為皇帝考慮到其他民族人入仕者很多，
蒙古人入仕者太少，要太學生們能夠知書達禮，學識兼備，為皇
帝奔走效命。但是現在學制沒有確定，太學生人數太少。現在應
該像歷代王朝一樣在各地設立學校，至少可以先擴大大都的國子
學，選擇年齡在十至十五歲之間的蒙古人一百名，百官和平民子
弟一百名入學，確定學制，由品德、學識兼備的人為老師，分任
司業、博士和助教，實施教育，給學生講解儒家經典，傳授修身、
齊家、治國、平天下的道理。

　　對於尊孔和興學，蒙古上層人物並不陌生。成吉思汗曾從耶
律楚材那裡獲得過一些有關儒學的信息。窩闊台汗即位後，有人
認為漢人無用，可悉空其地為牧場。耶律楚材則利用一批北方名

---

① 《元史》卷一三〇《不忽木傳》。

士，徵集賦稅，滿足了窩闊台的需求，並由此證明中原農耕地區
對蒙古政權的重要性和利用儒生治國的可能性。隨後，耶律楚材
在落入蒙古人之手的金都汴梁城內找到了孔子的五十一世孫孔元
措。經窩闊台同意，孔元措襲封衍聖公，並得到一筆錢修理闕里
林廟。孔元措建議搜集禮樂器具，召聚太常禮樂生等，也被窩闊
台採納。

　　耶律楚材又向前跨進了一步：請准選試儒生，並於窩闊台汗
十年（戊戌年，1238 年）進行了考試。但這次選試實際上變成了
選汰儒、釋、道「三教」的一部分，並沒有起到恢復中原傳統科舉
取士的作用。多數蒙古人把儒學視為一種宗教，並按照成吉思汗
時訂立的規矩給予與釋、道相同的待遇，甚至用立法形式規定釋
迦牟尼、老君和孔子在同一廟宇中的位置。

　　儒學本身也正處於一個重要的變革時期。宋人的理學，隨着
朝廷的遷徙在江南迅速發展，在北方雖然尚有傳承，但影響甚微。
蒙古統治北方之初，北方儒士對南方理學了解極少。窩闊台汗
七年（1235 年），蒙古軍攻陷宋城德安（今湖北安陸）後屠城，在
蒙古軍中供職的儒士姚樞從俘虜中救出了宋儒趙復。趙復不久後
在燕京建太極書院，傳授程朱理學。經過二十餘年，北方出現了
許衡、姚樞、竇默、郝經、劉因等一代理學大師。以理學取代舊
的傳注之學已經成為一個不可阻擋的趨勢。

　　窩闊台去世後的第二年（1242 年），忽必烈延請海雲和尚前往
漠北論道。他向海雲請教儒、釋、道三教何教為尊，何法為上，
又詢問佛法大要等問題，海雲答道：

　　　佛性被一切處，非染非靜，非生非滅，何有同異？
　　殿下親為皇弟，重任藩寄，宜稽古審得失，舉賢錯枉，

以尊主庇民為務。佛法之要，孰大於此。[①]

這已經不只是在討論佛法了，分明是在講儒家的傳統治道。佛性常在，不生不滅，作為皇弟藩王，應該稽古今得失，舉聖賢，糾謬誤，以尊主愛民為要務，佛法大要就在於此。忽必烈對此甚感興趣，留在他身邊的子聰和尚（劉秉忠）和陸續前來的儒士，更進一步向他講解儒學「齊家、治國、平天下」的道理。

忽必烈與張德輝關於孔子及儒學作用的討論很有意思。忽必烈問道：「孔子去世已經很久了，現在其性何在？」張德輝回答：「聖人與天地同始終，無所不在。大王如能按聖人之道辦事，性就在其中了。」忽必烈又問：「有人說遼朝因為佞佛而亡，金朝由於儒士誤國而滅，是這樣嗎？」張德輝答道：「遼朝的事情我不知道，但金朝末年的事是我耳聞目睹，在朝廷宰相中雖然有一兩位儒臣，其他都是武人或世襲貴族。討論國家大事時，儒臣又往往被排除在外。大致上金朝官員中出身於儒士的只有三十分之一。國家的存亡，有人應該負責，何必責怪儒者呢？」

忽必烈同意張德輝的見解，他進一步詢問：「先祖創立法度，現在未能實施者甚多，該怎麼辦呢？」張德輝拿起一個銀盤做比喻，說道：「創業之主，就像製作這個盤子一樣，精選良工巧匠設計製造，交給後人，傳之無窮。而且要選擇忠厚可靠的人掌管，才能永遠作為寶器使用；否則銀盤不但會有缺損，恐怕還會被人偷走。」

忽必烈理解了張德輝的意思。他們又討論農桑問題。忽必烈

---

① 程鉅夫：《海雲簡和尚塔碑》，《雪樓集》卷六。

問道：「農家辛苦耕作，為甚麼還衣食不足呢？」張德輝回答：「農桑是天下的根本，衣食都由農桑而來。男耕女織，一年忙到頭，上等糧食、絲帛給官府納稅，剩下粗糧粗布上養老，下養小。官吏橫徵暴斂，一掠而空，農民自然捱餓受凍。」最後又回到對孔子的態度上了，忽必烈問道：「應該如何看待孔子的廟食禮儀？」張德輝答道：「孔子是萬代帝王之師，尊崇孔子的當政者，總要修整孔廟，按時祭祀。孔廟與禮儀的好壞，無損於聖人，但可以由此看出帝王崇儒重道是否真誠。」[1] 忽必烈很重視張德輝的意見。孔元措死後，其子與族人爭着襲封衍聖公，糾紛鬧到了忽必烈面前，忽必烈即表示：「都去努力學習，真能成才，我才能封給官做。」[2] 衍聖公的封贈就這樣拖了下來，但是祀奠孔子的禮儀卻不能不隆重。忽必烈於 1252 年接受了儒教大宗師的名號，特地派人將燕京久已殘破的文廟修飾一新。

　　忽必烈的舉動引起了姚樞、許衡、竇默這些理學宗師的注意，他們覲見忽必烈後，或者宣傳三綱五常、正心誠意之道（竇默），或者力陳治國平天下的修身、力學、尊賢、親親、畏天、愛民、好善、遠佞八大要務（姚樞），或者建議建學校、化民風（許衡），都得到了忽必烈的賞識。

　　許衡覲見忽必烈，後來在文人中成為一段佳話。許衡和姚樞、竇默曾一起研習程朱理學，姚樞最早入忽必烈幕府，為忽必烈治理漢地出謀劃策，並被忽必烈派往關中地區做勸農使。姚樞推薦許衡為京兆提學，許衡前往關中，建學校，收生徒，影響頗大。

---

① 參見《元史》卷一六三《張德輝傳》。

② 參見姚燧：《中書左丞姚文獻公神道碑》，《牧庵集》卷一五。

中統元年（1260年），忽必烈召許衡赴都，許衡順路拜見名儒劉因，劉因問他這麼急着趕去見皇帝，是不是太快了些，許衡回答說不如此的話，道不能行。二十幾年後劉因被召入都城授職，又很快辭職還鄉，有人問他緣故，他的回答是不如此的話，道不能尊。兩個名儒，一個忙着到朝廷中去建立儒學的地位，所以忽必烈一召即來；一個保持儒士的清高和淡泊功名，以此表示儒家的尊貴地位，所以入朝後又很快離去。

文人中的這些講究，忽必烈自然不感興趣，他企求的是儒士盡快為朝廷設計一套切實可行的典章制度。許衡、姚樞、劉秉忠等人沒有使忽必烈失望，改國號前後的諸多建置，多數出自他們的建議，他們也因此而更受忽必烈尊重。

在許衡等人的建議下，地方官學很快恢復。中統二年（1261年）八月，忽必烈頒發了以下詔旨：

> 諸路學校久廢，無從作成人材。今擬選博學洽聞之士以教導之。凡諸生進修者，仍選高業儒生教授，嚴加訓誨，務要成材，以備他日選擢之用。仍仰各路官司常加主領敦勸。[1]

詔書明確規定各路興辦學校，選擇博學儒士認真教育學生，培養人才，以備今後選用，各路官府要經常加以管理和敦促。御史台建立後，勉勵學校成為監察工作的一項重要內容。至元八年（1271年）三月，設立國子學，由許衡主持。許衡非常高興，他認

---

① 王惲：《中堂事記》（下），《秋澗先生大全文集》卷八二。

為蒙古學生質樸，視聽專一，如能置身於好學者之中，涵養三五年，一定能夠成才，將來成為國家棟梁。他用心教導入學的一批蒙古侍臣子弟，不但選擇一批舊弟子作為他們的伴讀，還想出了各種通俗簡易的辦法引導學生入門。蒙古蔑兒乞部人堅童和康里人不忽木是國子生中的佼佼者。他們二人都出身於怯薛，原來分別以王鶚、王恂為師。入國學後，不忽木更為突出。許衡為學生編寫的歷代帝王名號、世系和紀年，不忽木背得爛熟。忽必烈巡視國子學業，不忽木書寫《貞觀政要》數十事獻上，寓規諫之意，深得忽必烈讚賞。

在確立國家的典章制度、興建學校等方面，儒士的作用是顯而易見的。但是，連年的戰爭和宗王的賜給等，使得國家需要巨額經費開支，倡導以「仁政」治國的儒士沒有針對國用不足提出切實可行的對策，他們與忽必烈的「蜜月」也就接近尾聲了。忽必烈採取以理財為中心的施政方針，回回人阿合馬因善於「聚斂」而深得信任，中書省很快被他操縱。儒士們的抗爭屢屢受挫，後來甚至國子學諸生的日常費用都成了問題，「漢法」的繼續實施困難重重。無怪有人發議論道：

> 國朝自中統元年已來，鴻儒碩德，濟之為用者多矣。……今則曰彼無所用，不足以有為也。是豈智於中統之初，愚於至元之後哉？[1]

這是儒士對從中統年間到至元時期政策變化的不滿言論，所

---

[1]　王惲：《儒用篇》，《秋澗先生大全文集》卷四六。

要表達的意思是本王朝自中統元年後，擢用名儒才士不少，而現在則說儒士無用，不能有為於天下，難道這些名儒在中統年間是智者，而到至元年間都變成愚人了嗎？

在這種情況下，有人還抱着幻想，希望忽必烈重開科舉。在設立國子學的同時，侍講學士徒單公履建議科舉取士。他知道忽必烈對佛學重教而輕禪，所以耍了一個花招，聲稱儒學也有教、禪之分，科舉像教一樣，道學則類似禪。這一招對忽必烈不靈，反惹怒了皇帝。

許衡亦對科舉不抱積極態度。漢人侍臣董文忠則斥責徒單公履道：「陛下常說，儒士不認真研習經典，講究孔孟之道，而是吟詩作賦，對修身養性有甚麼用處，如何能治理國家。因此士風有變化，儒士開始講究實學。我現在讀的都是孔孟之言，根本不知道道學是甚麼。腐儒從亡國舊習，想倡行道學。用這種辦法來迷惑皇帝，與皇帝教人修身治國的意願顯然不符。」[1] 楊恭懿也指出：「皇帝有詔旨，批評儒士不認真研習儒家經典，講究孔孟之道，終日賦詩和發表空論。這個批評真是保證萬世治安的言論。現在要選用儒士，應該命令各級官府，舉薦品行兼優和精通經史之士，不需要開科取士。儒士講究實學，士風由浮誇轉為淳實，民俗也可改變，國家得人才不難。」[2]

他們的議論，都是針對科舉制度的流弊而發。自唐、宋以來，考試取士的標準，或者是記誦註疏，或者是詞賦文學，儒生專心於場屋程文，經典中的一句話，訓釋百句乃至千萬言，越多越難

---

① 參見《元史》卷一四八《董文忠傳》。

② 參見《元史》卷一六四《楊恭懿傳》。

以掌握要領；浮誕補綴的詞章和清高虛曠的議論，充斥朝野，一旦國難當頭，毫無用處。忽必烈正是因為看到了其中的弊端，希望頹廢的士風有所改變，所以不輕易恢復科舉。董、楊對徒單公履的批評，實際上是闡發了忽必烈的觀點。科舉的恢復，在忽必烈一朝都沒能實現。

　　科舉取士不能實行，使敏銳幹練的小吏入仕，有了很好的機會。朝中儒士的正君心、任人才、慎聽覽、辨邪正、革舊弊以及輕徭薄賦一類議論，已不再使忽必烈感興趣。許衡於至元十年（1273 年）返回鄉里，忽必烈亦未強留。如今由蒙古太學生出來說話，希望擴大儒學影響，雖然懇切，但與朝廷風氣相悖，自然沒有引起忽必烈的重視。來自江南的文人是相當敏感的，他們很快洞悉了北方的政治空氣，汪元量的一首《自笑》，恰恰也能夠作為其他儒士的自嘲，詩云：

> 釋氏掀天官府，道家隨世功名。
> 俗子執鞭亦貴，書生無用分明。[①]

────────────

① 　汪元量：《增訂湖山類稿》卷三。

六月十一日　大都
規模空前的修曆、測天活動投入運作

　　宋廷降元，海宇統一，忽必烈決定將劉秉忠生前提出的修改《大明曆》的建議付諸實施。修曆的事務由張文謙、張易主領，王恂、郭守敬等負責具體籌劃。王恂向忽必烈陳奏：「當今的曆算家，只知曆術，不明曆理，應請名儒許衡等共同商訂新曆。」[1]忽必烈同意，命人請許衡還京師，參與修造新曆。

　　以精研天文和水利而著名的郭守敬，可以施展自己的才華了。他指出：

　　　曆之本在於測驗，而測驗之器莫先儀表。今司天渾儀，宋皇祐（1049—1054 年）中汴京所造，不與此處天度相符，比量南北二極，約差四度；表石年深，亦復敧側。[2]

---

① 參見《元史》卷九《世祖紀六》。
② 參見《元史》卷一六四《郭守敬傳》。

　　也就是說，修曆必須以測驗為基礎，儀表是最重要的測驗儀器。現在司天台所用「渾儀」，是宋朝皇祐年間在汴京造的。與大都的度數不符，測量南北二極，大約相差四度；圭表也因年代太久，有較大偏差。

　　郭守敬的看法是正確的。既然宋人二百二十餘年前製造的天文儀器不適用於大都，並且不夠精確，忽必烈自然支持郭守敬創制新儀器。在後來的三年裡，郭守敬製造出了一批令人叫絕的精妙儀器。

　　原來的「渾儀」，把測量赤道、地平和黃道三種坐標的機構裝在一起，使一個球面的空間安裝着大大小小八九個圓環，既不便於使用，又妨礙視線。郭守敬造出一台「簡儀」，精簡了黃道坐標，只保留兩套觀測用環，一套測量赤道坐標，一套測量地平坐標。前者由四根斜立的支柱托着一根正南北方向的軸，圍繞這根軸的是刻着度數的赤經雙環，雙環中夾着可以繞環中心旋轉的窺管。窺管兩側，架有十字線，只要轉動赤經雙環和窺管，就能觀測空中任何方位的天體，並從環面的刻度上讀出天體的赤緯數值，赤經數值則由旋轉軸南端的赤道環上讀出。「簡儀」上還裝置了滾珠軸承，使它轉動靈活。

　　為了在觀測日食的方向、虧缺、時刻以及太陽的位置時避免肉眼受強烈的太陽光刺激，郭守敬造了一台銅製「仰儀」，形狀像一口朝天的大鍋，中空半球面。半球大圓面刻着東、西、南、北和十二時辰，半球面刻着與觀測地緯度相應的赤道坐標。大圓面上用竿子撐起一塊板，板上有個小孔，位置恰好在半球面的球心上。太陽光通過小孔，在半球面上投下一個圓形的倒像，映在坐標上，即可讀出太陽的位置並進行日食觀測。

　　圭表是觀測日中影長變化以決定春分、秋分、夏至、冬至時

刻的天文儀器。聖人修政，以農為本；農之所見，以時為准，修
曆絕不能忽視圭表的作用。圭表由「圭」與「表」兩個部件構成，
「表」是垂直立在地面上的標竿，「圭」是從表的下端向正北伸出的
一條石板，圭、表成垂直狀。每當正午時分，表的影子就落在圭
上，根據表影長短即可測定春分等節氣的時刻，宋代圭表，表長
只有 8 尺。郭守敬造的「高表」，表長 36 尺，表上再用兩條銅龍
抬着一根很細的橫梁，使梁心到圭面的距離達 40 尺，比原來的圭
表高了四倍，投影精度大大提高。圭的刻度也很精細，有尺、寸、
分、釐和毫。高表上還安有確定影像的「景符」和測量星、月影長
的「闚幾」等輔助儀器。

　　除上述儀器外，郭守敬還設計製造了正方儀、候極儀、立證
儀、證理儀、定時儀、日月食儀、懸正儀、座正儀等天文儀器。
這些儀器頗多創造性，大大提高了天文觀測的精度，對元朝乃至
後來明朝時期天文研究的影響極為深遠。

　　至元十六年（1279 年）二月，太史令王恂奏報，大都司天台
的儀象圭表都用銅製成，效果極佳，請求在上都、洛陽等處分置
儀表，各選監候官掌管，得到忽必烈批准。

　　郭守敬乃向忽必烈建議：

> 　　唐一行開元（713—741 年）間令南宮說天下測景，
> 書中見者凡十三處。今疆宇比唐尤大，若不遠方測驗，
> 日月交食分數時刻不同，晝夜長短不同，日月星辰去天
> 高下不同，即目測驗人少，可先南北立表，取直測景。[1]

---

① 《元史》卷一六四《郭守敬傳》。

唐朝一行和尚的測天活動，書中記載設立的地面觀測站有
13 處。現在元朝的疆域比唐朝大得多，如果不到邊遠地區設站實
測，就無法掌握準確數據，無從知道各地日食、月食度數、時間
的不同，晝夜長短的差異以及日月星辰在天空中的位置。用於測
天的人不足，可以先在南北設觀測站，立圭表等儀器，進行觀測
和計算。

　　郭守敬選擇的時機不錯。這時南宋的流亡朝廷已被消滅，元朝
的版圖已經划定，按照後人的評說，是足夠寬闊的了：「其地北逾
陰山，西極流沙，東盡遼左，南越海表。蓋漢東西九千三百二里，
南北一萬三千三百六十八里；唐東西九千五百一十一里，南北一萬
六千九百一十八里，元東南所至不下漢、唐，而西北則過之，有難
以里數限者矣。」[1]

　　三月初三（1279 年 4 月 15 日），忽必烈同意郭守敬的請求，
派 14 名監候官分道而出，東到高麗，西極滇池，南逾朱崖，北盡
鐵勒，在全國範圍建立了 27 所觀測台站，進行大規模的天文觀測
活動。最北邊的北海觀景所，大約在北緯 64 度 5 分的地方，已在
北極圈附近了；南邊的瓊州觀景所，則在今海南島上。除大都、
上都外，北京（今內蒙古寧城）、西京（今山西大同）、太原、益都、
登州（今山東蓬萊）、大名、東平、安西王府（今陝西西安）、成都、
揚州、鄂州、雷州等地都設有觀景所。現在河南登封市保留下來
的一個觀景所，在縣城東南 15 公里的告成鎮，就是當時的河南府
陽城觀景所。假如沒有大一統局面的出現，這樣遠距離的統一步
調的觀天活動，顯然是不可能的。

───────────

[1] 《元史》卷五八《地理志一》。

在天文觀測的基礎上，許衡、王恂、郭守敬與南北日官陳鼎臣、鄧元麟、毛鵬翼、劉巨淵、王素、岳鉉、高敬等人一道，參考歷代曆法，終於在至元十七年冬至的時候修成了新曆。這一年十一月二十六日（1280 年 12 月 19 日），忽必烈下詔領行新曆，語文出自李謙之手，詔曰：

> 自古有國牧民之君，必以欽天授時為立治之本。黃帝、堯、舜以至三代，莫不皆然。為日官者，當世守其業，隨時考驗，以與天合。……今命太史院作靈台，制儀象，日測月驗，以考其度數之真；積年日法，皆所不取。庶幾吻合天運而永終無弊。乃者新曆告成，賜名曰《授時曆》，自至元十八年正月一日頒行。布告遐邇，咸使聞知。[1]

忽必烈的詔書説明了修曆的重要性和新曆的優點：自古以來的帝王，都以敬天授時作為國政的根本，從黃帝、堯、舜到三代的君主，無不如此。司天官員都是世守其業，隨時觀測驗算，使曆法與天象吻合。當今太史院遵命建造靈台（司天台），製作各種儀表，測日觀月，考核其精確度數，不用積年日法，就是為使曆法吻合天象，永無錯謬。

新編成的《授時曆》，是中國歷史上一部精良的曆法。郭守敬等人在給忽必烈的奏書中提到，中國從西漢《三統曆》到北宋《紀元曆》，共 1113 年，曆法改了 70 次。從《紀元曆》到現在（至元十七年）又過了 174 年。新曆考正者七項，新創法者五項。考正的七項都是對天文數據的重新測定，包括以下內容：

---

[1]　李謙：《頒授時曆詔》，《國朝文類》卷九。

「冬至」，核准至元十七年的冬至時刻。

「歲餘」，確定一年為365.2425日（這個數值和地球繞太陽公轉週期的實際時間只差26秒，與1582年頒佈的、現在世界通行的《格里高利曆》一致）。

「日躔」，測定至元十七年冬至時太陽的位置所在。

「月離」，測定月亮離近地點的距離。

「入交」，同一時間月亮離黃白交點的距離。

「二十八宿距度」，實測二十八星宿間的距離。

「日出入晝夜刻」，重新核定日出、日入時刻，以大都為准，確定各節氣的日出、日入時刻。

新創法五項是對天文計算的改革，包括以下內容：

「太陽盈縮」，求出太陽每日在黃赤道上運行的速度。

「月行遲疾」，算出月亮每日繞地球運行的速度。

「黃赤道差」，由太陽的黃道經度推算赤道經度。

「黃赤道內外度」，由太陽的黃道經度推算赤道緯度。

「白道交周」，求出月亮與黃赤道的交點。

正如詔文所說，《授時曆》擯棄了過去的上元積年日法，採用了近世的截元法。過去以一個朔望日的開始時刻和冬至的夜半在一天為「上元」，頒曆或者制曆時從本年的冬至夜半上推到所選的上元年數，叫作「積年」。曆法家們為了找到一個理想的「上元」，往往牽強湊合。用至元十七年推算的各項天文數據作為新曆的起點，當然比上元積年日法科學多了。

從至元十八年開始，每到冬至這一天，太史院即向皇帝、太子、三宮、諸王及中央各官衙進獻來年曆書。獻給皇帝的曆書用光白厚紙印成，並畫上彩色屬相。高麗國每年由元廷頒給曆書，《授時曆》修成後，亦照例頒給高麗國主使用。

六月十五日　大都
忽必烈下令設局修史

　　忽必烈下詔修撰《平金錄》和《平宋錄》，並以耶律楚材之子耶律鑄監修國史。《平宋錄》由翰林直學士劉敏中撰寫，專述伯顏入臨安與宋帝北上等事。此時掃除南宋遺黨的戰爭還沒有結束，忽必烈似乎是性急了一點。

　　蒙古人修史，始於《忙豁侖‧紐察‧脫卜察安》（Mongqolun Ni ḫuča Tobčiyan，《蒙古秘史》的蒙文名）的修撰。這是一本畏兀兒體蒙古文的官修史書，但作者是誰，已無法查考。書是鼠兒年七月寫成的，但到底是戊子（1228 年）鼠兒年，還是庚子（1240 年）、壬子（1252 年）、甲子（1264 年）鼠兒年，作者沒有具體說明。

　　此書記錄了成吉思汗的先人譜系、他早年的艱難經歷和他建立蒙古汗國的豐功偉績，也記述了窩闊台汗在位初年的史實。書中語言生動活潑，帶有濃厚的草原遊牧民族口述詩文的特點。這本書秘藏在宮廷之中，各蒙古汗廷都有副本。它的另一個名稱，抑或是另一本大同小異的史書，稱為《阿勒壇‧帖卜迭兒》（AltanDebter，《金冊》）。根據後者，伊利汗國的宰相拉施特‧阿丁‧法茲勒‧阿拉赫（Rashīd al-Dīn Faḍl Allāh）編著了世界通史

《史集》（Jāmi 'al-Tawārīkh）的《蒙古史》部分，並流傳到了現代。

　　忽必烈即位後，翰林學士承旨王鶚指出：「自古以來帝王的得失與興廢，之所以能夠一一考究，就是因為有史書記載。我國自太祖建國以來的豐功偉績，如果不趕快記錄下來，年長日久，恐怕會被遺忘。金朝的實錄還在，記錄了不少善政；遼朝史書散失情況嚴重。可以滅人之國，不應該亡人之史。假如不設立史館，後世的人也很難知道今日的事情。」[①]

　　忽必烈很重視王鶚的意見，於中統二年（1261 年）設立翰林國史院，主管國家文化事業，並下令編修國史，以史天澤監修，同時附修遼、金二史。後來，蒙古翰林院、集賢院陸續設立，翰林國史院的主要職掌日益明確，包括纂修國史、典制誥、備顧問三項。院官從翰林學士承旨以下，為翰林學士、翰林侍讀學士、翰林侍講學士和翰林直學士，屬官則有翰林待制、翰林修撰、應奉翰林文字、翰林國史院編修官等。翰林國史院中，漢儒居多，他們受到皇帝的尊寵，可以利用經常接近皇帝的機會對國家政事發表意見和推薦人才。忽必烈不開科舉，但是仍要儲備一批名士，翰林國史院就是一個最好的場所。

　　在修撰國史方面，翰林國史院已經做出成績。至元初年成書的《聖武親征錄》，記述了成吉思汗和窩闊台汗的功業。作者雖然沒有留下名字，但顯然是翰林國史院中的人。王鶚是否親自執掌了這本書的寫作，我們已無從知道。

　　遼、金二史的修撰，進展並不順利。現在南宋滅亡，史書源源北來，一個更大的問題擺在修史者面前：作為大元的臣民，如

---

① 參見《元朝名臣事略》卷一二《王鶚事略》。

何看待正統的延續？以遼、金為正統，還是以宋為正統？這個問題關係到元與前代王朝的承接以及本身的位置，它已超出了治史的範圍，具有重大的政治意義。忽必烈採取暫時迴避的做法，先修《平金錄》和《平宋錄》，記下先祖和自己的功績，遼、金史及宋史的修撰，待文人們將正統問題解決後再說。

忽必烈大概沒有想到，這一推遲使遼、金、宋三史晚了近七十年才面世。在修撰三史時，文人們仍然在喋喋不休地爭辯正統問題，有代表性的意見有三種。

修端認為：「遼自唐末保有北方，又非篡奪，復承晉統，加之世數名位，遠兼五季，與前宋相次而終，當為北史。宋太祖受周禪，平江南，收西蜀，白溝迤南悉臣於宋，傳之靖康，當為宋史。金太祖破遼克宋，帝有中原百餘年，當為北史。自建炎之後，中國非宋所有，宜為南宋史。」[1] 他要用唐朝修南史和北史的模式套修遼、金、宋三史，把遼、金、宋時期作為新的南北朝來處理。理由是，遼自唐朝末年佔據北方，並非篡奪中原皇位，遼的帝位傳承遠多於五代，所以應當把遼的歷史作為北史。金太祖滅亡遼、北宋，在中原立國一百多年，也該作為北史。

楊維禎則認為：「挈大宋之編年，包遼、金之紀載，置之上所，用成一代可鑑之書；傳之將來，永示萬世不刊之典。」[2] 他的理由是：世祖忽必烈平宋的時候，曾有宋統當絕、我統當續的比喻，顯然世祖是把宋作為正統，自認為是承續了宋的正統。當時又有大臣上奏，其國可滅，其史不可滅，實則是認定編年統續應

---

[1]　修端：《辨遼宋金正統》，《國朝文類》卷四五。

[2]　陶宗儀：《正統辨》，《南村輟耕錄》卷三。

以宋為準。就此而論，中華大正統，不在遼、金，而在於天命所歸的君主，毋庸置疑。我元朝的大一統，當是在平宋之時，而不是在平遼、金之時，也可作為證明。朝廷更迭，密切聯接，一天舊王朝命未絕，一天新王朝正統不能具備；宋命一日不革，我元朝的大正統即不能具備。

危素則認為宋、金都不是「正統」，他指出：「本朝立國於宋、金未亡之先，非承宋、金而有國也。」[①] 也就是說，元朝立國於宋、金滅亡之前，並不是承接宋、金的統續而建國。過分強調正統承繼在一亡一興之間，往往有悖於歷史事實。

最後還是蒙古人、右丞相脫脫作為三史都總裁官，出面決斷，遼、金、宋三史各與正統，各繫本朝年號，表示元朝承繼了各朝的正統，問題得到徹底解決，三史的修撰終於順利完成了。

當宋人的史書大批北運之時，江南有一位文人，亦為他自己傾注了二十年心血編著的《資治通鑑廣注》和《資治通鑑論》在戰亂流亡中遺失而痛心疾首，他就是台州寧海人胡三省。

沉重的打擊沒有使胡三省氣餒，他又購買了《資治通鑑》，重新開始詮釋工作。又經過九年的努力，到乙酉年（1285 年）冬季，胡三省終於完成了《資治通鑑音注》，同時寫出了《通鑑釋文辨誤》十二卷。胡三省對《通鑑》的名物、制度、地理以及史實異同，都根據古籍加以詳細註釋和考證，並對史事有所評論，或直言不諱地表達自己對宋亡的哀痛，或隱晦曲折地抨擊元朝統治，從中表現出自己熱愛史學和堅持氣節的情感。正如他自己所述：

---

① 危素：《上賀相公論史書》，《危太樸續集》。

> 人苦不自覺，前注之失，吾知之；吾注之失，吾不
> 能知也。又，古人注書，文約而義見；今吾所注，博則
> 博矣，反之於約，有未能焉。世運推遷，文公儒師從而
> 凋謝，吾無從而取正。或勉以北學於中國，嘻，有志焉，
> 然吾衰矣。①

胡三省認為，人難有自知之明，我能看出過去史書註釋的謬
誤，但看不到自己註釋的謬誤。古人的註釋，文簡意明。而我現
在的註釋，博採眾說，卻不能簡明。王朝變遷，名儒日少，使我
無法求教於名師。有人勸我赴北方學習，雖有志而力衰不能行。

還有一個年輕人，隱居民間，同樣發奮治史，用了二十年時
間，編著了一部 348 卷的大書《文獻通考》，他的名字叫馬端臨，
饒州樂平（今屬江西）人。這部記述中國典章制度沿革的巨著，材
料取捨嚴格，注意歷史變通，還常常通過歷史敍述表達對人民的
同情和對統治者的不滿。這部《通考》與唐朝杜佑所著《通典》、
宋朝鄭樵所著《通志》後來合稱為「三通」，成為不可多得的史學
名著。相比之下，《平宋錄》等北人的史學著作，對後世的影響，
遠不及《資治通鑑音注》《文獻通考》等南人的著作。

---

① 胡三省：《新注資治通鑑序》，《資治通鑑》卷首。

第七章
正氣歌

儘管氣節常常同失敗相聯繫，人們仍世世代代讚美稱頌它。忽必烈與文天祥，誰是勝利者呢？

八月十三日　揚州
元軍處決南宋守將，淮東戰火熄滅

六月二十九日（8月10日），忽必烈又一次發出招降詔書，派人分送揚州、通州、泰州、高郵等地，敦促守將李庭芝等開城出降。

這時，李庭芝正按照陳宜中的計劃，準備突圍而出，渡海南下。他留下朱煥守揚州，自己與姜才率騎兵、步卒五千人闖出城，直奔泰州。阿术聞訊，親率百餘精騎追擊，又命諸將分道夾擊。宋軍死傷千餘人，李庭芝、姜才逃入泰州。元軍主力迅速趕到，將泰州城團團圍住。阿术親自督軍扼住泰州東南面，阻斷宋人的入海通道，並且命令諸軍修築長塹，防止宋軍再次脫逃。

李庭芝等人離開了揚州，揚州城內的精兵驍將所剩無幾，糧食早已吃完。留下來守城的朱煥，家裡秘藏着一年前忽必烈頒發的《漢兒字聖旨》，詔文如下：

　　上天眷命，大元皇帝聖旨，諭淮安州安撫朱煥。據陳楚客奏：「臣與朱安撫同年，又有通家之好，自戊午（1258年）歸順之後，不相見者十有八載。今王師吊伐，諸道並進，數內一路，領漣河、清河將士，攻取淮東未

附州郡，切恐城陷之日，玉石俱焚，臣於故人情分，不容緘默。且彼所以嬰城自守者，無他，原其本心，但未知趨向之方，初無執迷抗拒之意。今大江南北，西至全蜀，悉入版圖。若蒙聖慈，特發使命，宣示德音，開其生路，彼亦識時達變之士也，寧不以數萬生靈為念乎？臣昧死上言，伏候敕旨。」准奏。今遣使特旨前去，宣佈大信。若能識時達變，可保富貴，應在城守御將帥同謀歸順者，意不殊此。故茲詔示，想宜知悉。①

這份詔書，是忽必烈答應朱煥好友陳楚客的請求，專門發給朱煥的。陳楚客雖然十八年未與朱煥見面，仍願以故友身份，替元朝招降朱煥，並聲明朱煥不是執迷不悟之徒，有可能審時度勢，做出明智的選擇。忽必烈則明確表示，只要朱煥和其他將帥選擇投降的出路，可以保證他們的榮華富貴。

朱煥不像李庭芝、姜才，不管是哪方來的詔旨，只要含有棄守出降之意，就立即毀掉或拒絕不接。他將這紙詔書珍藏，是暗中留下後路。因為姜才等人力主抗元，朱煥一直未露降意，如今主戰者已去，揚州城已無力繼續堅守，朱煥即着手措辦投降事宜。七月十二日（8月23日），朱煥獻揚州城降元。

對於這座抗拒元軍達十五個月的城市，元軍已無需「屠城」了，城中早已遍地餓殍，需要元軍做的事情是盡快安置饑民，並利用宋軍家屬作人質，威逼李庭芝、姜才投降，結束江北的戰爭。阿朮派人將仍在泰州城內的宋軍將士的家屬挑選出來，從揚州押

---

① 陶宗儀：《漢兒字聖旨》，《南村輟耕錄》卷二〇。

往泰州城下，去做瓦解宋人軍心的工作。同時，阿朮嚴令元軍官兵不得在揚州城內擄掠和騷擾百姓。有個衛軍士兵，不聽從命令，掠取居民兩匹馬，阿朮聞報後立即將他處死，並將首級傳往各軍展示，以示警誡。

七月二十二日（9月2日），姜才因患病不能親自登城督戰，負責守衛泰州北門的孫虎臣、胡惟孝等開門投降，元軍一擁而入。李庭芝聞變，倉促間跳入一個蓮花池中求死，但是水太淺，被人抓住。宋都統曹安國闖入姜才居室，縛姜才獻給元軍。

阿朮入泰州城，命人將李庭芝、姜才送往揚州關押，出榜安民，並派人前往通州、高郵等城，招宋人出降。揚州、泰州失守，各城失去支柱，難以繼續堅持，守將陸續開城投降。淮東的戰爭終於結束了。

阿朮敬佩姜才的忠勇行為，不想殺死這個頑強的對手，勸他投降。姜才誓不肯降，並且大罵那些負國叛降的宋臣。朱煥在旁煽風點火道：「揚州自戰爭爆發以來，白骨遍野，這都是李庭芝和姜才造成的，不處死他們怎麼成呢？」[1] 阿朮勸降不果，終於同意將李、姜二人處死。

八月十三日（9月22日），李庭芝、姜才在揚州被處斬。臨刑時，姜才依然罵不絕口。文天祥後來對這兩人的評價有高低之別，並用杜甫的詩句連綴成新詩，表示悼念：

> 庭芝得愛立之命，引兵至泰州，為虜所困。泰州孫九賣城，庭芝被執，誅於揚州市。雖無功於國，一死為不負國矣。

---

[1] 參見《宋史》卷四二一《李庭芝傳》。

> 空留玉帳衛（《選嚴公》），
> 那免白頭翁（《陪章留後》）。
> 死者長已矣（《石壕吏》），
> 淮海生青風（《送高司直》）。

　　（姜才）淮東猛將，揚州前後主戰，皆其人也。及泰
州破，被執，虜愛其才勇，啗以官爵，不肯降，罵諸負國
者。臨刑，含血以噴，罵虜不絕口。其英風義烈，淮人
言之，無不傷歎。惜哉！

> 屹然強寇敵（《贈王司空》），
> 古人重守邊（《後出塞》）。
> 惜哉功名忤（《薛大保》），
> 死亦垂千年（《義鶻》）。[1]

　　文天祥的評價是很中肯的。李庭芝確實有過動搖，並遭到姜
才的批評。這次突圍行為，實際上是得到了新皇帝即位於福安府
的消息，主動放棄揚州，準備率精兵驍將南下，所以文天祥說他
雖然沒給國家立功，畢竟還是以死殉國，沒有辜負朝廷。姜才不
愧為淮東抗戰的棟樑，前後如一，決不妥協，寧死不屈，他的壯
烈犧牲，確實令人傷感、歎息。可惜如此良將，不能再為國家建
功立業，只能留待後世之人憑弔。

---

[1]　文天祥：《集杜詩·李制置庭芝第四十九·姜都統才第五十》，《文天祥全集》卷
　　一六。

六月至八月　四川
宋軍反攻，解重慶之圍

　　重慶、釣魚城等四川山城，雖在元軍重重包圍之下，張珏等守將依然信心不減，朝廷的投降並沒有導致四川降旗遍樹。倒是元軍內部出現了一系列的問題。三月，忽必烈派安西王相李德輝入蜀了解情況。李德輝至成都後，發現問題的癥結。他對眾將指出：「現在宋已滅亡，重慶彈丸之地，不投降沒有出路。由於你們殺戮過多，民心生畏，所以宋人懼而不降。大戰爆發之前，招討使畢再興和朝廷使者帶着皇帝詔書來招降宋人，你們本應約束軍隊，嚴陣以待，對宋將曉以利害，給他們棄暗投明的機會。可是你們卻製造事端，偽造士兵降宋事件，造成出兵藉口，水陸之師並進，與宋軍交戰，實際上促成了宋人的頑固堅守。朝廷使者不知道其中有詐，竟以宋人抗詔不降返回朝廷復命。這都是你們玩寇輕敵的結果。再加上現在機構重疊，軍政不一，相互指責，推卸責任，早晚導致軍事失敗，怎能成功結束四川戰事？」①

---

① 參見《元朝名臣事略》卷一一《李德輝事略》。

畢再興的出使，是至元十二年（1275 年）六月的事情。

四川戰局若明若暗，拖了七八個月元軍仍無重大進展。東川行樞密院和西川行樞密院並立，院官都擁兵觀望，不積極作戰。忽必烈知道四川的情形後，於四月十二日（5 月 16 日）決定撤銷東川行樞密院，由西川行樞密院負責全蜀軍政。但是，命令還未到達四川，從成都北還的李德輝尚未回到安西王府，四川已經出事了。

知重慶府兼四川制置副使張珏，制訂了反攻計劃。他派人潛入瀘州城內，密結劉霖、先坤朋等人為內應，準備在元軍後方動手，打破元軍對重慶的包圍。六月，宋軍開始行動，趙安等人率軍偷襲瀘州得手，殺守將梅應春。在重慶周圍的元軍，聞訊後紛紛撤走。

重慶潰圍，是元軍近年來的一次重大失利。張珏等人憑險守城，伺機攻擾元軍後方城池，固然是元軍進展不利的重要因素。而元軍將領內部不和，加上機構重疊、指揮不一等因素，雖有李德輝預先提出的警告，但沒有引起人們的重視，失敗自然在所難免。

宋人的勝利畢竟是暫時的，不足以使四川戰局完全改觀，只不過拖延了徹底解決四川問題的時間而已。與江南地區相比，四川元軍的兵力已不算少，沒有理由繼續增兵，但是在指揮機構調整期間，元軍不能再次發起決定性的進攻，這一點，交戰雙方都是清楚的。

拖了一年半之後，元軍經過調整，再度合圍重慶，志在必下。張珏已從釣魚城遷入重慶，直接指揮保衛重慶的戰鬥。李德輝此時就任西川行樞密院副使，他致書張珏稱：

汝之為臣，不親於宋之子孫；合之為州，不大於宋之天下！彼子孫已舉天下而歸我，汝猶偃然負阻窮山，

而曰吾忠於所事，不亦惑哉！且昔此州之人不自為謀
者，以國有主，恥被不義之名，故爾得制其死命。主今
亡矣，猶欲以是行之，則戲下盜遇君，竊君首以徼福一
旦，不難也！^①

　　李德輝勸告張珏：宋的皇族子孫已把天下獻給我朝，你還在
窮山僻壤堅持守衛故土，自稱忠於朝廷，實在是不明事理。過去
合州軍民獻身戰鬥，是因為本國皇帝尚在，恥於背負叛國的罪名，
所以拚死堅持。現在皇帝已無，還想依舊行事，部下則會有人把
你看作盜賊，難免不拿你的首級去邀功請賞。

　　張珏依然不為所動。至元十五年（1278 年）二月，張珏率軍
出重慶城與元軍激戰，被元軍擊敗，退回城內。城中糧盡，部將
趙安勸張珏投降，張珏不聽，趙安乃夜開城門，放元軍入城。張
珏督軍巷戰，自知難以持久，乃索要鴆酒，準備自盡。但手下人
藏匿鴆酒，索之不得，於是用小船載妻子浮江東下，奔向涪州（今
重慶涪陵區）。在江中，張珏因為重慶失守，心中慚愧，揮斧猛劈
船板，想沉舟自殺，船夫奪去斧頭，拋入江中。他又要跳入江內，
被家人拉住。不久，元軍追來，張珏被俘，送往大都。押解途中，
友人對他說：「你一生盡忠朝廷，現在事已至此，縱使不死，又會
怎樣呢？」^②張珏還是選擇了自盡的歸宿，解弓弦自縊而死，用殉
國為自己的一生畫了句號。文天祥亦集杜甫詩評價他的品德：

---

① 《元史》卷一六三《李德輝傳》。
② 參見《宋史》卷四五一《忠義六‧張珏傳》。

　　蜀之健將，元與咎萬壽齊名。咎降，張獨不降。行朝擢授制閫，未知得拜命否？蜀雖糜碎，珏竟不降，為左右所賣，珏覺而逃遁，被囚鎖入北。不肯屈，後不知如何。

　　氣敵萬人將（《楊監畫鷹》），
　　獨在天一隅（《遣懷》）。
　　向使國不亡（《九成宮》），
　　功業竟何如（《別張建封》）！[1]

---

① 文天祥：《集杜詩·張制置珏第五十一》，《文天祥全集》卷一六。

八月初七　大都
忽必烈下令征討西北叛王

　　隨同北平王那木罕鎮守西北邊陲的蒙古宗王，有那木罕的弟弟闊闊出、蒙哥汗之子昔里吉、忽必烈弟弟歲哥都之子脫脫木兒、阿里不哥之子明里帖木兒和藥木忽兒等。蒙哥和阿里不哥系諸王雖然在阿里不哥稱帝失敗後表示臣服於忽必烈，但心中並不服氣，他們一直伺機聯絡海都、篤哇，發動叛亂，爭奪帝位。

　　脫脫木兒首先發難，率部叛亂。昔里吉受命討伐脫脫木兒，明戰而暗中勾結，於是乘勢與明里帖木兒、藥木忽兒等一哄而起，發兵拘捕那木罕、闊闊出和安童等人，送往海都和忙哥帖木兒處，以求與他們結盟，共同對付忽必烈。海都拒絕。眾叛王推昔里吉為帝，引軍進犯嶺北地區，佔領吉兒吉思等地。

　　那木罕、安童被捕後，西北地區的元軍失去指揮首腦，紛紛於混亂中向內地撤退。海都、篤哇抓住這一機會，向畏兀兒地區發起進攻，篤哇率軍十二萬包圍哈剌火州（今新疆吐魯番），並威脅城內的亦都護火赤哈兒的斤：「阿只吉、奧魯赤等諸王率三十萬大軍，尚且不能抵抗我軍進攻而崩潰，你難道膽敢用此孤城來阻擋我的進軍嗎？」火赤哈兒的斤回答：「我只知道忠臣不事二主，

我活着以此城為家，死了以此城為墳墓，絕不向你妥協。」①

篤哇圍城多日，不能破城，又射書入城，聲稱：「我亦太祖皇帝諸孫，何以不歸我？且爾祖嘗尚公主矣，爾能以女歸我，我則休兵；不能，則亟攻爾。」篤哇是察合台後人，當然是成吉思汗的裔孫。火赤哈兒的斤曾祖巴而朮阿而忒的斤率族人歸附蒙古國，成吉思汗把女兒也立公主嫁給他，並允諾亦都護家族與成吉思汗後人世代通婚，所以篤哇要求火赤哈兒的斤把女兒嫁給他，如能答應這個條件，他可以休兵罷戰，否則就要馬上麾軍強攻哈剌火州。

由於城中居民糧食將盡，鬥志漸衰，火赤哈兒的斤當即表示，不能因愛惜女兒而不管全城百姓的生命安全，但是不願意與篤哇見面。火赤哈兒的斤把女兒也立亦黑迷失用繩索縋出城外，獻給篤哇，篤哇引兵退走，畏兀兒之民得到暫時的休養備戰機會。

隨從伯顏南征的部分精兵勇將，已經調回北方。在慶祝亡宋廢帝北觀的「詐馬宴」上，忽必烈特地把李庭的座位安排在左手諸王之下、百官之上。李庭是女真人，本姓蒲察，金朝末年遷往中原。李庭於至元六年（1269 年）從軍，因作戰勇敢，提升很快，在大軍渡江之前已任萬戶之職，並被授予「拔都兒」（勇士，又作「霸都」）的稱號。忽必烈對李庭說道：「劉整生前不曾坐於此位，因為你戰功卓著，才能有這樣的特殊待遇，你的子孫應該牢記不忘。」七月初九（8 月 20 日），忽必烈決意派李庭率軍西征，他勉勵李庭：「你在江南已多出死力，好男兒立功建業，應在西北邊陲。現在有違反太祖成規的人作亂，特派你出征。」②

---

① 參見虞集：《高昌王世勳之碑》，《道園學古錄》卷二四，下同。

② 參見《元史》卷一六二《李庭傳》。

　　忽必烈還曾向伯顏詢問,有一個體瘦而能戰的將領,忘了叫甚麼名字;伯顏報告此人即德興府(今河北張家口涿鹿縣)人石高山,南征中也是累立戰功。忽必烈立即召見石高山,准許他選擇一個大郡養老,將所部軍隊交給其子管領。石高山説:「我還身強力壯,能繼續為朝廷作戰,怎敢養老休息呢?」[1]忽必烈很欣賞石高山的忠勇精神,同意他也率軍西征。

　　因英勇果敢而被忽必烈稱為「劉二霸都」的女真人劉國傑(本姓烏古倫),剛從淮東返回不久,準備入川作戰,也因為北方有警,加入了出征軍的行列。

　　八月初七(9月16日),忽必烈新任命的漢軍都元帥李庭、劉國傑等率軍出發,遠征昔里吉等叛王。當然,光靠這些漢人將領出征是不行的,忽必烈再次授重任於伯顏,命他督軍於漠北。一年之後,伯顏在翰兒寒河畔大敗昔里吉軍,昔里吉倉皇逃走,後來被人擒捉獻給忽必烈。然而,擊敗昔里吉等叛王,並不等於西北問題的解決。海都、篤哇等與元廷又對峙了幾十年,海都死後,西北諸王方才向元廷投降,這已經是成宗大德十年(1306年)間的事了。

　　伯顏後來陪同皇太子真金撫軍於漠北,忽必烈特別向真金交代:「伯顏才兼將相,忠於所事,故俾從汝,不可以常人遇之。」[2]忽必烈希望太子能夠尊重伯顏,但實際上他本人並不是很放心。他曾派人向伯顏傳旨:「伯顏,你本是一個沒根腳的人,作為朝廷命官,是朕賜給你了大官職和名號。奪取蠻子國土,實為已

---

①　參見《元史》卷一六六《石高山傳》。

②　《元史》卷一二七《伯顏傳》。

故史平章（即史天澤）的功勞，名譽卻被你等佔取，不要生驕惰之心。」

伯顏請來人代為轉奏：「請陛下放心，沒有根腳的人就應該置於無根腳之處。封給官職和撤去官職，都是陛下的權力。奪取蠻子國土，實為已故史平章的功勞，乃被伯顏佔取的說法，出自蠻子諸人（宋人）。為陛下建立功業，不應有罪。」忽必烈聞此言後，表示自己過於嚴厲，只不過是希望伯顏不要居功自傲。

不久，阿合馬與別吉里迷失的誣告接踵而來。阿合馬聲稱伯顏入臨安後私取宋宮中的玉桃盞據為己有。曾在兩淮地區指揮作戰的別吉里迷失則說伯顏對聖旨委任之人不給官職，將自己的親信盡封要職美官，顯然有輕君之心。忽必烈疑心再起，命人將伯顏逮捕入獄，追查原委。

怯薛太官玉昔帖木兒聞訊，急忙入見忽必烈，為伯顏說情：「有壞人誣告伯顏丞相，使他被捕入獄。伯顏一人，我等殺之實為易事，猶如斬草一般，但是將會引起蠻子地方的人恥笑陛下。」忽必烈同意玉昔帖木兒的請求，將伯顏釋放，免職家居。因北方亂起，朝中無可托付重任之人，忽必烈才起用伯顏，督軍出征叛王。

忽必烈還是不大放心，派人打聽伯顏的言行舉動。去人回報，伯顏向送行大臣反覆說：「有這樣遣將出征的嗎？」然後才慢慢啟行。忽必烈立刻派人把伯顏追回，問他這句話是甚麼意思。伯顏答道：「我等攻取蠻子國土，獻給陛下，此事天下皆知。後來我無罪而受人誣告，免職閒居，亦為天下所知。北方蒙古地域，皇子、高官甚多，陛下派遣有如此惡名之人，以待罪之身，任職於他們之上，而他們又深受陛下信用，我如何能夠統領軍隊作戰？思來想去，故有此語。」

　　忽必烈稱讚伯顏能夠直言不諱，而且言之有理，於是頒詔敍
述伯顏平宋功勞和受了誣告的情況，命令漠北諸軍皆受伯顏節
制，伯顏才欣然北往。後來有人獻宋宮玉桃盞於朝廷，忽必烈疑
雲終消，並發出「幾陷我忠良」的感歎。[①]

① 達倉宗巴‧班覺桑布：《漢藏史集》，第 174─176 頁。

十一月十五日　福州
南宋幼帝登舟入海，小朝廷漂泊海上

　　忽必烈曾於閏三月初二（4月17日）召阿里海牙北上，佈置下一步的軍事行動。六月初八（7月20日），忽必烈命令增兵三萬人，由阿里海牙指揮，進兵廣西。

　　六月二十五日（8月6日），樞密院官員向忽必烈報告，陳宜中、張世傑聚軍於福建，江西形勢緊張，宋都騤求援於朝廷。忽必烈命令從長江北岸的戌軍中抽調一部分兵士增援江西，並命令宋都騤等向廣東方向出擊。

　　六月二十九日（8月10日），忽必烈派人持詔書赴福州，詔諭陳宜中、張世傑等投降。同時，他命令阿剌罕、董文炳督軍進攻福建。

　　進攻方向明確，軍隊部署完畢，江南各地元軍將領屬兵秣馬，先後率軍出發。留夢炎等人已經向當地的元將投降。

　　在福安府的文天祥，看出形勢險峻，而陳宜中、張世傑等都不是有為之人，決心出去組織義軍，迎戰元軍。陳宜中否定了文天祥北還溫州的建議，亦感覺文天祥在朝中礙手礙腳，把他打發到南劍州（今福建南平）去備戰，文天祥欣然從命。七月初四（8月

15 日），文天祥離開福安府，十三日抵南劍州。在文天祥身邊，很快就聚集了一批義士，準備大幹一場。

元軍的進攻於七月開始。阿里海牙軍攻破嚴關（今廣西桂林興安縣西），馬墍兵敗，退守靜江府。李恆軍擊敗吳浚於南豐（今屬江西）。八月，吳浚與元軍交戰又敗，退往寧都（今屬江西贛州）。福安府的後方漳州、興化軍（今福建莆田）等地，發生騷亂事件，陳文龍急忙趕去平息事態。九月，陳宜中等命令文天祥移兵汀州（今福建龍岩長汀縣）。他們沒有長遠的戰略打算，只是因為文天祥「聚兵」成功，離朝廷太近，對把持朝政的人不利，所以把他打發到交通不便的汀州去。十月初一（11 月 8 日），文天祥率軍南行。

十一月，各地形勢更加緊張。堅守三個月的靜江城終於被元軍攻破，馬墍在巷戰中戰死。阿里海牙認為靜江之民易叛，不能與潭州相比，所以下令屠城，隨後分軍向廣西各州郡進攻。各地守將懼怕元軍威力，紛紛獻城投降。邕州（今廣西南寧）守將馬成旺降於元人，但是馬墍的部將婁某率兵士二百五十人堅守月城（甕城），拒不出降。阿里海牙認為不值得一戰，只是發兵將月城圍住。十餘天後，婁某從城上喊話，聲稱士卒已因飢餓不能行動，如果元軍賜給食物，就出城投降。阿里海牙同意，送去幾頭牛和幾斛米，有人開門取進去後又把大門緊閉。元人登高瞭望，見城內士兵生嚼米肉，一食而光，然後吹起號角，敲響戰鼓，元軍都以為宋人要衝出來戰鬥，嚴陣以待。然而婁某自有安排，他讓士兵們圍坐在火炮周圍，點燃火炮，一聲巨響，雷霆萬鈞，煙霧瀰漫，二百多人均化為灰燼。

從臨安南下的阿剌罕軍，於十一月初下處州（今浙江麗水）、溫州，在瑞安大敗宋軍，執殺趙與檡及其弟與慮等人，兵入建寧府（今福建建甌）。南劍州守將王積翁逃走。

　　十一月十五日（12 月 21 日），陳宜中、張世傑等帶着幼帝趙昺登舟入海。雖然當時還有軍士十七萬人、民兵三十萬人，張世傑卻不敢與元軍對戰，終究選擇了逃跑的道路，他準備的海船這下可真派上用場了。二十三日，元軍抵福安府，知府王剛中出降。

　　陳宜中、張世傑等至泉州，招撫使蒲壽庚來迎接，請求皇帝登岸，張世傑不同意。有人勸張世傑留住蒲壽庚，因為此人提舉市舶司多年，家貲雄厚，海船頗多，張世傑開始並不同意。不久又命人分揀蒲氏船隻和家貲，以補充海上航行的不足。蒲壽庚被激反，盡殺泉州城內的宋宗室、士大夫和淮軍士兵，張世傑等急忙起錨，奔往潮州（今廣東潮州潮安區）。

　　朝廷漂泊海上，陸上諸軍（除文天祥所部外）或降或逃。十二月初，唆都等率軍自福州南下，初八（1277 年 1 月 13 日），蒲壽庚獻泉州城投降。陳文龍在興化軍聚兵堅守，拒絕元人的招降。唆都麾軍攻城，二十五日，通判曹澄孫打開城門投降。同一天，陳宜中、張世傑和趙昺等人的船隊抵達甲子門（今廣東陸豐東）海面。

　　一年即將過去。對南宋人來說，這是痛苦的一年。死者在痛苦後得到了解脫，歸降元朝的人似乎暫時擺脫了痛苦，但又有了新的煩惱。在痛苦中熬煎最深的，恐怕是活着的抗戰者和守義者。在海上，還有一個小皇帝，還有一支可觀的「艦隊」，人們心中總還有一點希望之火。但是無論是海上的，還是陸上至今還把自己視為「宋人」的人，總擺脫不了前途渺茫的感覺。他們依然面對最終的選擇，供選擇的還是死節、投降、遠遁三條路。留給他們的時間還有多少呢？

　　陳文龍被俘後，元軍將他押回杭州，關在太學舊址裡。文龍原為太學生，累次考試不能入格，一天忽夢見太學士神岳飛，讓

文龍自誓必死於太學，醒來後悒悒不樂。後來文龍廷對第一，位高名顯，此夢早已忘記。但是不久又夢見岳神，讓他賦詩以表前志，詩後所題年月居然用的是「至元」年號。

現在陳文龍被囚太學，終於記起了夢中之事，乃將此事告訴友人趙有得。並深深歎道：「社稷人民，一旦易主，此天數也。皇宋未亡之時，鬼神已奉其正朔矣。吾今病且死，而適囚太學，得無為太學士神乎？」[1]一切事物都有定數，天意不可違抗。國家易幟，臣民換主，早有天數；宋朝還沒有滅亡，鬼神已遵從天意奉新朝廷正朔了。陳文龍後來確實是餓死在太學之中，這是由於他自興化軍被俘之後即開始絕食的緣故，頗有「不食元粟」的氣概，並且應了夢中之兆。

在海上遊蕩的小朝廷，常常受到元軍的威脅。景炎二年（至元十四年，1277 年）十一月，陳宜中想奉趙昰等至占城，自己先行去做準備。到占城後，陳宜中認定大勢已去，再也沒有返回。這個事事先為自己考慮的人，選擇遠遁他國的歸宿，不再對南宋朝廷的命運負責，倒也不出乎人們意料。因為他從來就沒有認真考慮過國家的利益。

同年十二月二十二日（1278 年 1 月 16 日），海上船隊遭遇颶風，船上之人死者近半，趙昰險些溺水淹死。受此驚嚇後，趙昰患重病，於次年四月十五日（1278 年 5 月 8 日）病死在碙洲（今廣東雷州灣硇洲島）。幼主賓天，海上漂流的人幾乎潰散，陸秀夫勉勵他們：「度宗皇帝還有一子，將置之何方？古人有用一軍和一成臣民中興的先例，現在百官和各機構俱在，又有數萬士卒，如果大

---

[1]　田汝成：《版蕩淒涼》，《西湖遊覽志餘》卷六。

宋不該天絕，難道不能以此立國嗎？」①於是眾大臣於四月十七日（5 月 10 日）奉衛王趙昺為帝，改元「祥興」，以陸秀夫為左丞相，依然在廣東海面駐泊。

文天祥在景炎二年五月率軍攻入江西，收復興國等縣，包圍贛州，氣勢頗盛，響應者四起。但沒有堅持多久，李恆率軍來攻，文天祥在贛州戰敗，主力潰散。文天祥收拾殘兵，退入廣東境內，繼續堅持抵抗。祥興元年（至元十五年）十二月二十日（1279 年 2 月 2 日），文天祥在五坡嶺（今廣東汕尾海豐縣北）被元張弘範軍所俘，部下殉難者不計其數；杜滸也同時被俘，不久憂憤而死。

忽必烈當然不能坐視海上小朝廷的存在。張弘範與李恆受命水陸夾攻，對南宋殘餘勢力給以最後一擊。張弘範特地將文天祥帶上海船，向小朝廷的所在地崖山（今廣東江門新會區南八十里處）進軍。至元十六年正月十二日（1279 年 2 月 24 日），船過零丁洋，文天祥寫下了一首著名的感懷詩，以明不屈之志，成為千古絕唱：

辛苦遭逢起一經，干戈落落四周星。
山河破碎風拋絮，身世飄搖雨打萍。
惶恐灘頭說惶恐，零丁洋裡嘆零丁。
人生自古誰無死，留取丹心照汗青。②

二月初六（3 月 19 日），宋元軍隊在崖山海面展開大戰，宋軍

① 參見《宋史》卷四五一《忠義六・陸秀夫傳》。
② 文天祥：《指南後錄・過零丁洋》，《文天祥全集》卷一四。

戰敗，陸秀夫先沉妻子於海，隨即抱趙昺跳入海中自盡。楊太后
因趙昺已死，前途無望，也跳海自盡。張世傑、蘇劉義等率十餘
艦突圍，不久遭遇颶風，船覆人亡。

　　文天祥目睹了這場海上激戰，這是宋人與元人最後一次大規模
軍事較量。失敗的慘景和亡國的悲憤，使他慟哭不已。他賦詩道：

> 南人志欲扶崑崙，北人氣欲黃河吞。
> 一朝天昏風雨惡，砲火雷飛箭星落。
> 誰雌誰雄頃刻分，流屍漂血洋水渾。
> 昨朝南船滿崖海，今朝只有北船在。
> 昨夜兩邊桴鼓鳴，今朝船船鼾睡聲。
> 北兵去家八千里，椎牛釃酒人人喜。
> 惟有孤臣雨淚垂，冥冥不敢向人啼。
> 六龍杳靄知何處，大海茫茫隔煙霧。
> 我欲借劍斬佞臣，黃金橫帶為何人。①

　　張弘範問文天祥：「國家已經滅亡，殺身盡忠，還有誰來記錄
此事呢？」文天祥答道：「商朝滅亡，夷齊自誓不食周粟。人臣自
表其心意，哪管甚麼記錄與不記錄。」②張弘範是漢人，自然被文
天祥的忠君愛國熱情所感動。

　　不久，文天祥被押解北上。十月一日（11月6日），文天祥抵
大都。前宋丞相留夢炎和受封為瀛國公的趙㬎，先後奉命勸降，

---

① 文天祥：《指南後錄·二月六日詩》，《文天祥全集》卷一四。

② 參見文天祥：《指南後錄·有感》，同上。

都被文天祥拒絕。元朝權臣阿合馬親到住地問話，丞相孛羅等在樞密院堂上審問，文天祥慷慨陳詞，義薄雲天。此後他被關入獄中，他的妻子和女兒也在大都過着俘囚生活。文天祥明知只要一屈膝，便可與家人團聚，但仍不改初衷，在陰暗潮濕的監獄裡做最後的抗爭。至元十八年（1281 年）夏，文天祥寫出了傑作《正氣歌》，歷數史書所傳各代不畏強暴、不惜犧牲的人物，表示自己隨時獻出生命的決心，成為後世傳誦不絕之作：

> 天地有正氣，雜然賦流形。
> 下則為河岳，上則為日星。
> 於人曰浩然，沛乎塞蒼冥。
> 皇路當清夷，含和吐明庭。
> 時窮節乃見，一一垂丹青。
> 在齊太史簡，在晉董狐筆。
> 在秦張良椎，在漢蘇武節。
> 為嚴將軍頭，為嵇侍中血。
> 為張睢陽齒，為顏常山舌。
> 或為遼東帽，清操厲冰雪。
> 或為出師表，鬼神泣壯烈。
> 或為渡江楫，慷慨吞胡羯。
> 或為擊賊笏，逆豎頭破裂。
> 是氣所磅礴，凜烈萬古存。
> 當其貫日月，生死安足論。
> 地維賴以立，天柱賴以尊。
> 三綱實繫命，道義為之根。
> 嗟予遘陽九，隸也實不力。

楚囚纓其冠，傳車送窮北。

鼎鑊甘如飴，求之不可得。

陰房闃鬼火，春院閟天黑。

牛驥同一皂，雞棲鳳凰食。

一朝濛霧露，分作溝中瘠。

如此再寒暑，百沴自辟易。

嗟哉沮洳場，為我安樂國。

豈有他繆巧，陰陽不能賊。

顧此耿耿在，仰視浮雲白。

悠悠我心悲，蒼天曷有極。

哲人日已遠，典刑在夙昔。

風簷展書讀，古道照顏色。 [①]

　　文天祥被拘囚四年，至元十九年十二月初八（1283 年 1 月 8 日），忽必烈親自召見，進行最後一次勸降，他答以「天祥為大宋狀元宰相，宋亡，只能死，不能活」。次日，文天祥在大都慷慨就義，實現了他盡節的心願。臨刑前，文天祥索紙筆寫下了最後兩首詩：

昔年單舸走維揚，萬死逃生輔宋皇。

天地不容興社稷，邦家無主失忠良。

神歸嵩岳風雷變，氣哇煙雲草樹荒。

南望九原何處是，塵沙黯澹路茫茫。

---

① 　文天祥：《文天祥全集》卷一四。

衣冠七載混氈裘，憔悴形容似楚囚。

龍馭兩宮崖嶺月，貔貅萬灶海門秋。

天荒地老英雄喪，國破家亡事業休。

惟有一腔忠烈氣，碧空長共暮雲愁。[①]

---

① 文天祥：《拾遺》，《文信國公集》卷一八。

第八章
大一統

當空前的大一統局面
在中國降臨時，辭舊
迎新的人們，有誰考
慮過它的未來？

十二月三十日　大都
忽必烈免除江南苛捐雜稅，並大賞群臣

　　一年即將過去，南宋王朝已被摧垮，作為一統天下的君主，忽必烈向新附軍民再次表達慰諭之意，除夕可以說是最好的日子了。忽必烈向江南地區發出如下詔諭：

> 　　昔以萬戶、千戶漁奪其民，致令逃散，今悉以人民歸之元籍州縣。凡管軍將校及宋官吏，有以勢力奪民田廬產業者，俾各歸其主，無主則以給附近人民之無生產者。其田租商稅、茶鹽酒醋、金銀鐵冶、竹貨湖泊課程，從實辦之。凡故宋繁冗科差、聖節上供、經總制錢等百有餘件，悉除免之。[①]

　　忽必烈的詔書，一方面是要約束官吏，安定民心，保證江南地區社會的穩定；一方面是給予江南居民經濟上的優待，消除南

---

① 《元史》卷九《世祖紀六》。

宋統治的弊病，減輕百姓的經濟負擔：萬戶、千戶等統軍將領的掠取強奪，導致江南人民逃亡，流離失所，現在所有百姓都應返回故鄉，隸籍於原居州縣。各管軍將領和亡宋官吏，依仗勢力奪取的百姓土地、房舍和財產，都要歸還舊主；無主可歸的則需散給附近無產業的居民。田租、商稅以及茶鹽酒醋、金銀鐵冶煉、竹貨湖泊等業的課稅，都要從實辦理。過去南宋的科差、節日供奉、經總制錢等一百餘項苛捐雜稅，全部免除。

南宋時，科差和苛捐雜稅名目繁多，確實是百姓的沉重負擔。以「經總制錢」為例，凡買賣田宅、酒糟以及民間一切錢物交易，每千文錢官府要抽收五六十文，僅此一項，每年政府可以得錢一千多萬貫，有的地方徵收的經總制錢甚至達到正稅數額的三倍。再加上戰禍連年，紙幣貶值，人民生活的困苦可想而知。減輕賦役負擔，對經濟的恢復與發展有極重要的作用，不但北方的儒士力倡此事，南方的降人也每每以此進言，如管如德就曾向忽必烈建議立額薄徵、息兵懷遠、立法用人、省役恤民和設官制祿。

由於南宋的殘餘勢力還沒有清除，軍事行動當然不能停止，但是其他措施都是當務之急。忽必烈把經濟問題放在首位，因為賦稅徵收的多少，既關係到朝廷在江南地區的利益，又與新附臣民的日常生活密切相聯。只有敦促流民還鄉，保證戶籍穩定，國家才能夠有穩定的財賦來源。

忽必烈下令減免賦稅，當時的人得到好處不少，後人亦評價很高，不但有「國無重費，不多取於民，天下獨稱富庶」的贊語，還有比較切合實際的記述，如《三陽圖志》寫道：

> 元一區宇，以寬民力為第一義，凡前代無名之賦，

一切蠲除；惟種田納地稅，買賣納商稅；魚鹽船貨之徵，
隨土所有。[①]

　　按照《三陽圖志》的說法，元朝統一天下，以減輕人民負擔為
第一要務，免除前代所有的苛捐雜稅，只要求種田者交地租，做
買賣納商稅，捕魚、製鹽、船舶等，因地制宜，隨物定稅。

　　北方的稅糧，分為丁稅和地稅兩類：一般民戶、商賈、官吏
等驗丁收丁稅，每丁一年交粟二石；工匠、僧道、儒人等戶，驗
地繳地稅，每畝地交粟三升。江南地區的稅糧承襲宋制，分為夏、
秋兩稅，秋稅按畝徵糧，稅額沒有統一標準，各地差別很大，同
一地區亦因土地好壞分成很多等級，有的低至每畝一二升，有的
高達二三斗。夏稅徵收的辦法亦各地不一，既有徵收糧食、絲綿
等實物的地區，也有徵收鈔幣的地區，大致上夏稅相當於秋稅的
一半。商稅和鹽酒醋的課稅等，亦有適合的定額。總的說來，南
北稅糧和各種課稅的定額，都沒有高過前代。

　　南宋宮廷、官府所存錢糧、寶物等，已被視為元朝的財產，
不能私自動用。伯顏報告管理宋宮廷倉庫的張惠有擅自開庫的行
為，忽必烈命令阿朮和阿塔海調查此事，並調張惠回京。同時，
忽必烈下令江東、江西、浙東、浙西、淮東、淮西的官吏認真檢
核各地庫存的錢糧數額。

　　按照今年九月的統計，新入版圖的有 37 府、128 州、733 縣，
新增民戶 9370472 戶，共計 19721015 人。元人對戶口數字的統
計，並不是很認真的。至元七年（1270 年），忽必烈下令在中原

①　陳香白輯校：《潮州三陽圖志輯稿》卷三《田賦志》，廣州：中山大學出版社，
　　1989 年，第 121 頁。

地區進行戶口普查,戶口數字達 1939449 戶,比前一年增加了近 30 萬戶。此後,中原戶籍數額再沒有變動過,每次統計全國戶籍,就拿它去加上其他地區新增的戶數。在發起渡江戰役時,元廷只有 1967898 戶,到今年增至 900 多萬戶,新加的數額都是降人根據舊有籍冊上報的,沒有經過查驗。

查驗江南戶籍的工作到了至元二十七年(1290 年)才進行,核實後的數額是 11840800 餘戶。用這個數字加上至元七年的中原戶數,以及遼東等地區更早一些的戶口統計數字,得出來的全國戶籍總數為 13196206 戶,共計 58834711 人。所謂「山澤溪洞之民」,即一些少數民族,不包括在其中。這樣的戶口統計,當然不能客觀反映人口的增減情況,但元朝統治者似乎已經很滿意了,因為佔領江南地區後,戶口數額增加了數倍,財賦的收入自然也會成倍地增加。

在江南建立行之有效的行政管理制度,對元廷來說,也很重要。大軍過江之後,暫時實施戰時管理體制,分派千戶、百戶等管軍將領駐軍於各州、縣,掌管當地軍民政務;萬戶一級的將領,駐軍於重要城市,亦實行同樣的管理。在這樣的「軍事管制」體制下,軍官權力過大,行為不受限制,所以欺男霸女、搶掠民財的事件層出不窮。要矯正這一弊病,必須實行軍民分治,專理民政的官吏的選用已經着手進行,但暫時元廷還需要一種過渡性機構。至元十三年六月初九(1276 年 7 月 21 日),忽必烈已下令分設宣慰司於各道,今天則正式任命了各道的宣慰使。在原來南宋境內設置的宣慰司有:

浙西道宣慰司,設在杭州

浙東道宣慰司,設在紹興

江西道宣慰司,設在隆興(今江西南昌)

　　江東道宣慰司，設在建康

　　湖北道宣慰司，設在鄂州

　　淮西道宣慰司，設在黃州

　　淮東道宣慰司，設在淮安

　　荊湖南道宣慰司，設在衡州（今湖南衡陽）

　　荊湖北道宣慰司，設在江陵

　　各道的宣慰使，多數由原來的行省官員或統軍萬戶長擔任，其中既有蒙古人、色目人，也有漢人和南人，武將仍然佔了極大比例。宣慰司既理軍政，又理民政，不能體現軍民分治的原則，所以只能作為臨時性的機構。到戰爭全部結束之後，江南地區也要和北方一樣，建立固定的行政管理系統。行中書省後來成為全國統一的地方最高行政機構和一級政區的名稱，全國分設了十個行省：

　　陝西行省，治京兆（今陝西西安）

　　甘肅行省，治中興（今寧夏銀川）

　　遼陽行省，治遼陽（今屬遼寧）

　　河南江北行省，治汴梁

　　四川行省，治成都

　　雲南行省，治中慶（今雲南昆明）

　　湖廣行省，治鄂州

　　江浙行省，治杭州

　　江西行省，治隆興

　　嶺北行省，治和林

　　各行省長官為平章政事，間或設左、右丞相；平章政事下設右丞、左丞、參知政事等職務。黃河以北、太行山東西之地（今河北、山東、山西），稱為「腹裡」，直屬中書省。吐蕃地區則由

中央設置的宣政院管轄。元朝確立的行省制度，後世一直沿用，是中國行政區劃和政治制度變革的一個重要事件。

在江南作戰的元軍，如何妥當安置，既能有效地控制江南局面，又不至於擾民生事；大而廣之，全國的軍隊如何安排，以保證大一統王朝的穩固，已是一個亟待解決的問題。忽必烈很快確定了基本格局，把全國軍隊分成了中央宿衛軍和地方鎮戍軍兩大系統。

中央宿衛軍由怯薛和侍衛親軍組成。

怯薛定額為一萬人，但這個數額常被突破，到元中期已達一萬五千人左右。按照朝廷的規定，漢人和南人不許進入怯薛組織，但總有人千方百計混入其中，所以朝廷不得不多次「沙汰」怯薛中的漢人與南人。

現存的左、右、中三衛親軍，後來擴編成前、後、左、右、中五衛，以漢軍士兵和新附軍（南宋降軍）為主，被人們目之為漢人衛軍。部分色目人軍士和蒙古探馬赤軍人被編成色目衛軍和蒙古侍衛。這些衛軍都由樞密院直接管轄，只有太子東宮的衛軍例外。忽必烈在世時，設立了十二個衛軍機構，統軍人數在十萬上下。後繼諸帝增設新衛，到元朝後期已有三十幾個衛軍機構的建置。這支「居重馭輕」的精銳之師，屯營於大都南北和上都等地，是元廷的中堅軍事力量。

地方鎮戍軍由駐牧在草原上的蒙古軍和分散在全國各地鎮守的各種軍隊組成。

草原上的蒙古人依然編排在千戶組織之內，有戰事傳檄集合，平時散歸各部，遊牧生養。漠北、漠南地區大批蒙古軍隊的存在，對元朝的統治有着特殊的意義。

在江南征戰的蒙古探馬赤軍人，戰爭結束後多數撤回江北，

於是朝廷分設了山東、河南、陝西、四川四個蒙古軍都萬戶府，分統探馬赤軍人，據天下腹心，監控原來宋元接境的地區。

原來的南宋故境，戍守任務很繁重。中原地區既有侍衛親軍和探馬赤軍分屯戍守，原以中原為家的漢軍就可以派上用場了。戰爭中已經調往江南的各漢軍萬戶，絕大多數留下來率軍就地戍守，而在何地置營、在何處屯聚重兵，後來經過伯顏、阿朮、阿里海牙、阿塔海、阿剌罕等人會商，確定了下來。如揚州、建康、鎮江三城，跨據大江，位置重要，需要重兵守衛，乃分屯七萬戶府之軍；再如杭州是南宋故都，不能不嚴加控制，便派駐四萬戶府的軍隊。萬戶府的建置也最終定型，按照管軍人數的多少，萬戶府分成上、中、下三等。在江浙、江西、湖廣三行省內，後來設置了幾十個萬戶府。在四川、雲南境內也有大致相同的建置。

軍隊的調整，還有一個很重要的問題，就是如何安置來自江南的降將降卒。被稱為「新附軍」的南宋降軍，號稱有百萬兵卒，實際上約為二十萬人。忽必烈對他們並不放心，並曾向南宋降將發出這樣的質問：「爾等何降之易耶？」回答是：「宋有強臣賈似道擅國柄，每優禮文士，而獨輕武官。臣等久積不平，心離體解，所以望風而送款也。」[①]

董文忠此時恰在忽必烈身邊，忽必烈問他此話如何。董文忠從忠君愛國的角度駁斥了降將推卸責任的說法：「賈似道輕視你們，但你們的國君給你們高官厚祿，待你們不薄。現在因為對丞相有怨氣，卻移到君主身上，不願意認真作戰，坐視國家滅亡，作為國家大臣的氣節到哪裡去了？賈似道之所以輕視你們，難道

不是早就知道你們不足以依靠嗎？」[1]

　　忽必烈稱讚董文忠說得精彩。當然，他並非有意讓降人當眾出醜，而是要研究這批人未來的作用。忽必烈又問諸降將，是否可以麾軍渡海，遠征日本。夏貴、呂文煥、範文虎等人均表示可以出征。元廷原來的文臣則大多持反對意見，如耶律鑄之子希亮就明確表示：「宋與遼、金相互攻戰，將近三百年，現在戰火剛熄，人民得以休養生息，等幾年再出兵也不遲。」[2]

　　於是這個話題暫時放在一邊。忽必烈還是要慰勉降人，讓他們消除疑慮，為元廷效力，他對管如德的一番話頗具代表性：「我治理天下，愛惜人命，凡犯死罪的人要經過多次查證，罪情屬實才處以死刑，不像宋廷權臣擅政，書寫隻言片語就把人處死了。你們只需恪心盡職，不要顧慮其他人的猜忌和嫉妒。」[3]

　　安排降人需要一套辦法，賞賜有功之臣也要有一定的措施。在如何獎賞平定江南有功之臣方面，詞臣王磐有自己的看法，他不同意用升高官職的辦法來獎賞有功者。他認為：前代官制，分為官品、爵號和職位。爵號表示地位尊貴，職位用來委任具體事宜。有功勞的臣屬，按功勞大小，封給官爵；有才能的官員，按其才能高低，授給職位，這是君主統御臣屬的良法。王磐認為有功之臣應該加封散官，或者分賜五等爵號，像漢朝和唐朝封侯制度一樣，不宜於授給職位。[4] 元朝後來也實行了文、武散官制度，這與王磐的建議，可能不無關係。

---

① 參見《元史》卷一四八《董文忠傳》。

② 參見《元史》卷一八○《耶律希亮傳》。

③ 參見《元史》卷一六五《管如德傳》。

④ 參見《元史》卷一六○《王磐傳》。

　　在今年的最後一天，忽必烈大賞群臣。首先是伯顏、阿术等一批大功臣，賜給青鼠、銀鼠、黃鼬質孫衣，僅伯顏一人即得到二十套質孫衣的賞賜；其他功臣，分賜豹裘、獐裘、皮衣帽等物。伯顏上奏有功者名單一百二十三人，分賜銀両。其後則是對南宋降君、降臣的賞賜，趙㬎自不待言，吳堅、夏貴等人都得到了銀両、幣帛等物品。

　　回顧一年，忽必烈應該是滿意的。今年的頭等大事，是南宋朝廷向元廷無條件投降，使元朝的疆域擴大了不少。忽必烈的統治，無疑正處於巔峰期，制新曆、修國史等大事，自然次第進行。如果說還有一點遺憾的話，也不過是西北蒙古宗王的叛亂和南宋流亡朝廷的存在，給大一統事業留下了一個未完成的尾巴，為新秩序帶來一點不安因素。總體上說，忽必烈經過十幾年的耕耘，已經收到了碩果，大元的「清平盛世」降臨人間，似乎應該縱情享受一下，改進取為守成了。天下百姓，期望着「從今田舍底，白首樂升平」[①]的安定生活，朝中的諸王百官，已經開始分享勝利的果實。

　　至元十三年，決定南宋朝廷命運的一年，激烈抗爭和劇烈動盪的一年，在成功的喜悦和失敗的悲憤交織中，終於成了過去，成了歷史，留給後人觀看、評説、思索……

───────────

① 　王惲：《太平宴二首》，《秋澗先生大全集》卷一二。

大一統後的隱憂

　　大一統的格局，已經形成。無論是誰，抗拒還是擁護，都不能改變這一歷史軌跡。自唐朝中葉以來，藩鎮割據，五代十國並立，宋與遼、金、西夏對峙，五百餘年的分裂與爭鬥，風風雨雨，如今終於有了結局。來自北方的遊牧民族，兼併天下為一家，使中國重歸一統，儘管部分江南文人志士頗有異詞，畢竟是一件了不起的大事。

　　隨着戰火的逐漸熄滅，經濟的恢復與發展，成績日益顯著。淮東、淮西是多年的戰場，千里荊榛，枯骨遍野，經過十餘年的努力後，荒田曠地又變成了桑麻蔽野的沃土。被破壞的鹽場恢復了生產，到至元十六年（1279 年），已可額辦鹽 587623 引，以每引 400 斤計，產量達 23500 餘萬斤，超出南宋中期淮東路產鹽量 13400 餘萬斤近一倍。後來更有增加，到元朝末年，達到了年產量 38000 萬斤的水平。在元代國家經費中，鹽利佔十分之八的比例，而出自兩淮的鹽就佔了其中的一半。

　　江南地區經濟損失遠較江北地區輕，恢復起來比較容易。忽必烈對江南地區採取減省賦稅科差的政策，即便如此，從江南徵

收的稅糧等還是佔全國收入的很大比例。以糧食為例，每年徵收
的 1211 萬餘石稅糧中，有 449 萬餘石來自江浙行省，115 萬餘石
來自江西行省，84 萬餘石來自湖廣行省；所謂「南三行省」的稅
糧佔了全國糧食徵收的一半以上。每年有 300 萬餘石糧食後來通
過海道從江南運往大都，一支龐大的海運船隊常年往返於長江口
至直沽海口（今海河口）之間，又使得一批港口和城鎮興起。

　　商人們利用交通的便利，南來北往，甚至遠赴海外異國。大
都、杭州、揚州、鎮江等地，繁華的景象令來自萬里之外異國他
鄉的旅行者讚歎不已。富庶的南方彌補了北方經濟的缺陷，全國
經濟已經融為一體，邊疆遊牧地區和漁獵地區被注入農業和商業
因素，與世隔絕的生活模式逐漸被打破，各民族之間的交往日益
頻繁，文化與生活習俗的相互影響顯而易見。不抱政治乃至民族
的偏見，任何人都不會否認這次大一統的功績。

　　誠然，為維護大一統格局所做的努力，恐怕要比單純地進行
統一戰爭繁重得多，當政者的所作所為，當然不能盡如人意。

　　忽必烈與南宋降將討論進攻日本，是一個不祥的預兆。一大
批新附軍人，後來在遠征日本的戰爭中喪生；還有不少人被生俘，
淪為奴僕，望斷大海，有家難回。在對爪哇（今印度尼西亞）、緬
國等的戰爭中，又有不少新附軍人戰死。對外戰爭十幾年的消耗，
新附軍十去七八，剩下的士卒被分編到侍衛親軍各衛及鎮戍軍各
萬戶府中，主要從事屯田、工役造作等。忽必烈不殺降人，但是
利用戰爭使其消耗，加之以原有的軍事組織對其進行消化，一支
龐大的隊伍就這樣慢慢消失了。到了元朝中後期，連新附軍人的
稱呼都很少聽到了。

　　投降元朝的原南宋將領，後來命運如何呢？

　　至元十年（1273 年）正月以襄陽降元的呂文煥，在元軍渡江

後任行省參知政事。至元十三年（1276年）十二月分置各道宣慰使，呂文煥以行省參知政事兼江東道宣慰使。次年七月，文煥升行省左丞，仍兼任宣慰使。至元十五年（1278年）五月，江東道提刑按察司向呂文煥求取金銀器皿及房舍等未遂，誣告呂文煥私藏兵器，御史台遣官調查，沒有證據，按察司官員被免職。至元二十三年（1286年）正月，呂文煥以江淮行省右丞職告老，其子繼任宣慰使之職。

呂文煥侄呂師夔，至元十二年（1275年）正月在江州（今江西九江）出降，隨宋都䚟、李恆進軍江西，後就任行省參知政事之職。至元十五年七月，呂師夔以左丞職務行省於贛州。有人密報呂師夔謀圖不軌，幸有同行省的官員為他解釋和開脫，並將告密者處死，事情才平息下來。呂師夔後來即終於行省左丞之職。

至元十二年二月在安慶府出降的范文虎，和呂師夔同時升行省參知政事。至元十五年二月，又升為行省左丞。次年，文虎奉詔出征日本。至元十八年（1281年），范文虎等率大軍出動，渡海攻日本，因為統帥之間不和，貽誤戰機，又值颶風襲來，戰船多毀壞，文虎等棄軍士於海島上，自乘好船逃回。至元二十一年（1284年）十一月，范文虎就任中書省左丞、商議樞密院事之職。二十四年（1287年）二月，升為中書省右丞，後又升任中書省平章政事，掌疏通運河之役，並終以此職。

陳奕、陳巖父子，至元十二年分別在黃州、漣州降元。陳奕當年死去，陳巖請求解官服喪三年，未得准許，只得繼續隨從阿朮攻揚州等地。至元十三年七月，陳巖也升行省參知政事，後與范文虎同時升任行省左丞。元軍攻日本，陳巖亦在其中。至元三十年（1293年）元軍攻安南，陳巖還是統軍將領之一。

由於二呂與范、陳等人在攻宋戰爭中起過頗為重要的作用，

所以深得忽必烈賞識。忽必烈甚至表示，像呂文煥、范文虎這樣的南人，可以出任丞相之職。至元二十四年五月，有人報告江南各行省任用南官過多，一省最好只用一二名南官。忽必烈指示，除陳巖、呂師夔、管如德、范文虎四人外，其他人都可以不用，由此不難看出忽必烈對「有功」南人的重視。

管如德也是至元十二年投降的宋將，由於武力過人，被忽必烈稱為「拔都」。管氏歷任浙西宣慰使、江西行省參知政事、左丞等職，地位與呂師夔、陳巖大致相同。

為元廷立功，後來任元朝官職時間較長的，還有程鵬飛、蒲壽庚、王積翁、王剛中等人。

程鵬飛至元十五年十一月以行省參知政事兼任荊湖北道宣慰使，後歷任湖廣、四川行省平章政事，成宗時致仕。至大四年（1311年）正月，鵬飛又以「諳知政務，素有聲望」的老臣身份被召入都城議政。

蒲壽庚於至元十四年三月在泉州降元，受降的董文炳採取了與張世傑不同的做法，他讓蒲壽庚繼續主持市舶之政，並將自己的金虎符交給蒲壽庚，以示信任。七月，蒲壽庚任江西行省參知政事。至元十五年三月，蒲壽庚轉為福建行省參政，不久升左丞，仍掌市舶事務。

在福州降元的王積翁、王剛中，總是搖擺不定，所以有人在至元十五年八月指出他們有「通謀」於張世傑的活動，積翁則聲稱兵力太小，不得不暫時順從於張世傑。至元十七年（1280年）三月，王積翁由福建宣慰使改為中書省戶部尚書。至元二十一年（1284年）正月，積翁奉命出使日本，在海上被舟人所殺。亦任宣慰使的王剛中，後來被調任慶元路總管。其他顯赫降將後來均升任省職，唯王氏兄弟沒有得到這種待遇，自然是對他們曾經動搖的懲罰。

南宋降將，只有范文虎等少數幾個人繼續統軍作戰，實際起着幫助朝廷消耗新附軍力量的作用。忽必烈自稱善待降人，從這些人的歷仕經歷，我們確實能看到元廷的優待，但是他們的後人中，顯貴者就很少了。就是這樣，他們仍免不了遭到南宋遺民的唾罵。以夏貴為例，至元十六年（1279 年），夏貴病死，有人贈詩道：

> 自古誰不死，惜公遲四年。
> 聞公今日死，何似四年前。

又有人到夏貴墓前憑弔：「享年八十三，何不七十九。嗚呼，夏相公萬代名不朽。」[1]

吳堅、留夢炎等一批文臣，降附元廷後極力蒐羅江南人士，與之為伍，也遭到人們的譏諷。謝枋得曾寫信給留夢炎，信中說道：

> 元人本無滅宋之心，郝奉使將命來南，欲使南北百萬億蒼生同享太平之樂，至仁也。只此一念，自足以對越上帝。賈似道執國命十六年，欺君罔上，誤國殘民，其惡不可一二數。拘行人，負歲幣，滿朝無一人敢言其非。兵連禍結，亡在旦夕，滿朝無一人敢聲其罪。善類亦可自反矣。天怒於上，人怨於下，國滅主辱，理固宜然。天實為之，人豈能救之哉？元主之禮三宮，亦可謂

---

① 吳萊：《三朝野史》。

厚矣。元主保全亡國之臣，亦可謂有恩矣。江南無人才，未有如今日之可恥。……先生少年為倫魁，晚年作宰相，功名富貴，亦可以酬素志矣。奔馳四千里，如大都拜見元主，豈為一身計哉！將以問三宮起居，使天下後世知君臣之義不可廢也。先生此心，某知之，天地鬼神知之，十五廟祖宗之靈亦知之，眾人豈能盡知之乎？[1]

謝枋得狠狠地挖苦了留夢炎一番：元人本來不想滅宋，郝經奉命出使，就是想使南北億萬生靈共享太平，真是仁至義盡。只此一舉足可以感動上帝了。賈似道執掌朝政十六年，欺瞞君主，誤國害民，劣跡頗多。天怒人怨，國亡主辱，順理成章，天命如此，人怎能救呢？留先生少年得志，高中狀元，晚年又任宰相之職，功成名就，早就實現榮華富貴的大志了。又要奔波四千里到大都去拜見元帝，怎會是計較個人得失呢，當然是去照顧三宮，使天下後世之人知道君臣之義尚存。我知道先生的心意，天地鬼神和列祖列宗也知道這番苦心，其他人都這麼看嗎？

留夢炎照舊我行我素，不管別人怎麼議論。由於「忠心」可嘉，元廷後來放他南歸，就養於其子。有人贈詩，稱他是「白髮門生憐未死，青山留得裹遺屍」。[2]

北上的南宋三學生，經過姚樞、王磐等人挑選，有真才實學的留在北方，其他打發回家。留下來的人也沒有受到重用，他們的南歸之心從未泯滅，可惜只有少數人最後如願以償。

---

[1] 謝枋得：《上丞相留忠齋書》，《謝疊山先生文集》卷四。

[2] 邵桂子：《雪舟脞語》。

　　隨太學生北上的汪元量，曾用詩把目擊的南宋亡國情景淋漓盡致地描繪出來，對元軍隨伯顏南下時蹂躪東南半壁江山的慘痛、太后簽署降表、幼主向元人謝恩，以及「滿朝朱紫盡降臣」、權臣誤國等，都充滿悲憤的情感。他還有不少與文天祥獄中唱和的詩，如《生挽文丞相》，是勉勵文天祥盡節的作品，悲憤淒惻，表現了亡國的哀痛。他的詩在南宋遺民詩中最為有名，被人們稱為宋亡前後的「詩史」。元量晚年請為黃冠道士，歸老南方，漫遊各地，不知所終。他南返故里之後，既有欣喜之情，又有感歎之悲，曾賦詩：

> 北行十三載，癡懶身羈孤。
> 勒馬向天山，咄咄空踟躕。
> 窮陰六月內，白雪飛穹廬。
> 冷氣刺骨髓，寒風割肌膚。
> 飢餐棗與栗，渴飲酪與酥。
> 棄置勿復言，言之則成遷。
> ……
> 今年歸湖山，喬木依故居。
> 堂前雙老親，粲粲色敷腴。
> 壁間豈無琴，床頭亦有書。
> 友朋日過從，可嬉仍可娛。
> 開軒耿晴色，梅花繞庭除。
> 呼兒斫海鯨，新篘酒盈壺。
> 偶爾得生還，相對真夢如。
> 萬事一畫餅，百年捋髭鬚。
> 向來誤儒冠，今也無壯圖。

且願休王師，努力加飯蔬。[1]

又詩云：

昔年去國太蒼黃，同舍諸生半死亡。
春別浙江花似霧，秋行跡地草如霜。
時沽市酒藉餘景，屢宿官郵悲故鄉。
滿目故人皆厚祿，吾儕添得兩奚囊。[2]

對於元廷在江南尋訪名士，有人持迴避或抗拒態度。如謝枋得即多次拒絕北上，他認為官府在江南尋訪「好人」，實在是可笑之舉：

江南無好人、無正當人久矣。謂江南有好人、有正當人者，皆欺北人也。……以某觀之，江南無好人、無正當人久矣，求好人、正當人於今日尤難。[3]

至元二十五年（1288 年），謝枋得被官府拘押，強行送往大都。他以絕食進行反抗，於次年四月死於大都。有些人留在江南，依然保留宋風，絕不與北人接觸。如福建人鄭思肖，兼長詩畫，他畫蘭花不畫根和土，有人問他為甚麼，他說土地已被番人奪走了。他隱跡山林，心繫天下，行坐寢處，不忘故國，與朋友聚會，

---

① 汪元量：《南歸對客》，《增訂湖山類稿》卷四。
② 汪元量：《唐律寄呈父鳳山提舉》，《增訂湖山類稿》卷四。
③ 謝枋得：《上丞相留忠齋書》，《謝疊山先生文集》卷四。

一旦遇到有語言不同者，立刻拂袖而去，在江南士人中傳為佳話。

　　隨着時間的推移，一些江南儒士不甘終老於書院之中，於是應召北上者有之，出官為吏者亦有之。尤其是元仁宗皇慶二年（1313 年）頒詔恢復科舉後，不少人躍躍欲試，要出來博取功名了。七十七歲的趙儀可和六十三歲的陳櫟，居然也要擠進應試者的行列，充分顯示了文人們迫不及待的心情。但是留給南人的機會並不多，只有少數人中選，後來擠入翰林隊伍之中。

　　忽必烈在全國統一之後，對南人心存疑慮，對北方的漢人也戒心日重。朝廷中漢人文臣支持皇太子真金視政，反對阿合馬的專權橫暴、打擊異己和貪贓不法，忽必烈始終袒護阿合馬而逐漸疏遠漢臣，終於引發了至元十九年三月十八日（1282 年 4 月 27 日）的「大都事件」。

　　漢人益都千戶王著與僧人高和尚等合謀，趁忽必烈和真金去上都避暑的機會潛入大都，將阿合馬殺死。王著和高和尚旋被捕殺。王著臨刑時大呼：「王著為天下除害，今死矣，異日必有為我書其事者。」[1]王著的話後來果然應驗，有人不久即寫了《義俠行》等來紀念他。據說阿合馬被殺的消息傳開後，大都市民無不歡呼雀躍，歌飲相慶，市場上的酒俱一搶而空。

　　忽必烈後來也承認阿合馬是奸臣，沒有繼續深究此案，但也並未因此而重用儒臣，反而對他們更加冷淡和疏遠；支持儒臣的真金，地位亦受影響。有人不知輕重，竟以忽必烈年近古稀為由，請他禪位給真金。忽必烈勃然大怒，真金畏懼成疾，於至元二十二年（1285 年）病死。漢儒失去了最有力的支持者，處境更為艱難。

---

[1] 《元史》卷二〇五《奸臣・阿合馬傳》。

　　為保持蒙古貴族的特權地位和維護對人口遠遠超過本族的漢族及其他民族的統治，忽必烈終於推行了所謂「四等人」的民族等級制度。「國人」即蒙古各部人，為第一等，稱之為「自家骨肉」；欽察、康里、阿速、唐兀、畏兀兒、回回、斡羅思等「色目人」為第二等；長江以北原金朝統治區內的漢族和契丹、女真等族人為「漢人」，列為第三等，也包括較早被蒙古征服的雲南、四川兩省人；江南原南宋境內的「新附人」則是「南人」，列為第四等。在法律地位、任用官吏及其他權利、義務各方面，蒙古人與色目人受到優待，漢人和南人則受到種種限制。例如蒙古人因爭執毆打漢人，漢人不得還手，只許向官府申訴，違者治罪。此外，對漢人、南人還進行嚴密的軍事防範。無怪後來有人評價道：

　　　　天下治平之時，台、省要官皆北人為之，漢人、南人萬中無一二，其得為者不過州、縣卑秩，蓋亦僅有而絕無者也。
　　　　元朝自混一以來，大抵皆內北國而外中國，內北人而外南人，以至深閉固拒，曲為防護，自以為得親疏之道。是以王澤之施，少及於南；滲漉之恩，悉歸於北，故貧極江南，富稱塞北。[1]

　　更有人發牢騷，指出北方之人飢則江南食，寒則江南衣，還總是說江南不好，真是昧了良心。
　　「四等人制」使元朝的社會矛盾更加複雜、尖銳，來自江南民

---

[1]　葉子奇：《草木子》卷三（上）《克謹篇》。

間的反抗勢力，不時打出「復宋」的旗號。忽必烈對此頗為憂慮，
他曾同管如德討論過這個問題。他問道：「江南民眾難道沒有貳心
嗎？」管如德答道：「往年水旱災相繼，民不聊生。現在連續幾年
豐收，百姓沐浴聖恩，怎敢有反叛意圖。假如真有反叛意圖，我
怎麼敢隱瞞事實來欺騙陛下呢？」[1]

　　沐浴聖恩的多是江南富戶人家，他們與官府勾結，兼併土地，
欺壓小民，稱霸一方，往往激起民變。「復宋」不過是反抗者號召
民眾反抗官府和富民壓榨的手段而已。當然，忽必烈的民族壓迫
政策，也多少起到了助燃的作用。

　　作為一個新的統一王朝，在欣欣向榮的景象下面，往往隱藏
着政治危機的暗流，社會上更有各種「時弊」。蒙古統治者對於治
理如此地域廣大和人口眾多的國家，經驗並不豐富，決策可能失
誤，這並不奇怪。後來有人指出忽必烈時的社會弊病為：

　　　　官吏奸貪，盜賊竊發，士鮮知恥，民不聊生。號令
　　朝出而夕更，簿書斗量而車載。庠序不立，人材無自出
　　之由；律令不修，官府無常守之法。捨真儒，用苛吏，
　　棄大本而求小功。空中國而事外夷，取虛名而獲實禍。[2]

　　這當然是代表漢人儒士對時弊的指責：官吏貪污，盜賊出沒，
士人不知廉恥，百姓生活艱難，這是社會問題；號令朝發夕改，
文書車裝斗量，這是朝政問題；不設學校，無法培養人才；不修

---

①　參見《元史》卷一六五《管如德傳》。

②　劉塤：《元貞陳言》，《隱居通議》卷三一。

律令，官吏無法可依，這是管理人才和法治的問題。疏遠儒士，重用酷吏，造成用人不當、捨棄根本而貪圖眼前利益的問題。傾國家之力出征海外各國，貪圖虛名而禍害匪淺，乃是軍事和外交方面的問題。

雖然有這麼多問題，比起後世的皇帝，忽必烈在位期間，仍不失為元朝的「黃金時代」。後來的貪官污吏，為了要錢，巧立名目，簡直不成樣子：部屬迎接新官，要交「拜見錢」；逢年過節，徵收「追節錢」；管事之人理直氣壯地索取「常例錢」；送往迎來則有「人情錢」；告狀辦案要交「公事錢」；甚麼事也沒有，乾脆白要，稱為「撒花錢」。官員要到的錢多，喜稱「得手」；到富庶地區任職，叫作「好地分」；任職地點離故鄉近，就是「好窠窟」。如此惡性的發展，當然與忽必烈確定的用吏不用儒的方針有着直接關係，這倒是忽必烈本人當時沒有想到的結果。

佛、道、儒的「聖人」，繼續受到尊敬。八思巴的帝師稱號，傳給了後人。北上的天師張宗演，至元十四年正月初六（1277年2月10日）被封為演道靈應沖和真人，管領江南諸路道教。張留孫留在京城，歷世祖、成宗、武宗、仁宗、英宗五朝，備受寵遇，不但得到了玄教大宗師的稱號，還自立門戶，建立了玄教一派。孔洙襲封衍聖公稱號，至元十九年（1282年）十一月入覲忽必烈，被命為國子祭酒，提舉浙東道學校事，既有了俸祿，又有了護持林廟的璽書。

參加攻宋戰爭的重要元軍將領，如阿尤、阿里海牙、阿剌罕、阿塔海、董文炳、張弘範等，在全國統一後的十年內相繼去世，只有伯顏還坐鎮於漠北，繼續獨當一面。

至元三十一年正月二十二日（1294年2月18日），忽必烈病逝，享年八十，在位三十五年。從漠北返回來的伯顏，在上都舉

行的「忽里台」上，力主立真金第三子鐵穆耳為皇帝。蒙古宗王中
有人持反對意見，伯顏握劍而立，宗王膽怯，順從地推出了新皇
帝。正因為伯顏的功勞和威望，壓住了陣腳，使得這一次帝位傳
繼沒出甚麼大亂子。同年十二月，伯顏病死。一個思大有為的君
主，帶出來一批有作為的文臣武將；待到功成業就，又帶走了一
代英豪。新皇帝鐵穆耳（成宗），開始組織新班子，進行他的「守
成」試驗。

附錄一：南宋世系表

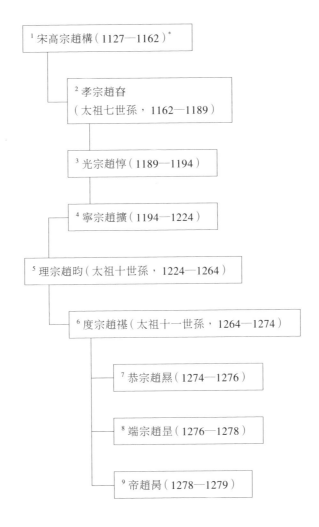

¹ 宋高宗趙構（1127—1162）*

² 孝宗趙昚（太祖七世孫，1162—1189）

³ 光宗趙惇（1189—1194）

⁴ 寧宗趙擴（1194—1224）

⁵ 理宗趙昀（太祖十世孫，1224—1264）

⁶ 度宗趙禥（太祖十一世孫，1264—1274）

⁷ 恭宗趙㬎（1274—1276）

⁸ 端宗趙昰（1276—1278）

⁹ 帝趙昺（1278—1279）

* 括號中均為在位年份，附錄二同。——編者註

附錄二：元朝世系表

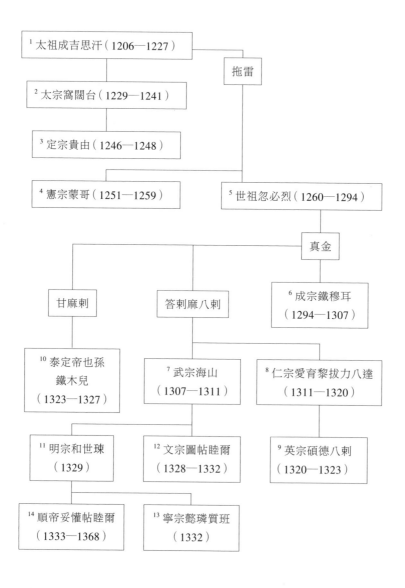

附錄三：至元十三年　宋元主要高級官員小傳

元朝

中書省

中書令　真金（1243—1285），元世祖忽必烈子。自幼跟隨姚樞、竇默等儒學大師學習。中統三年（1262 年）十二月封燕王，兼中書令。次年五月設樞密院，又兼樞密使。至元十年（1273 年）三月封為皇太子。他受儒學影響較深，重視修身禮讓，節儉愛民。有人準備為東宮造人工流水池，他認為這是仿效古代「肉林酒池」，加以制止。生性懦弱，不願過多參與朝政，後終因「禪位」風波憂懼而病故。

右丞相　是年暫缺。原中書省右丞相安童（1245—1293），至元十二年（1275 年）七月以行中書省、樞密院之職，隨北平王那木罕出鎮西北邊陲。安童，蒙古札剌兒部人，開國功臣木華黎後裔。原為忽必烈怯薛長，至元二年八月出任中書省右丞相。至元七年正月設立尚書省，主事者準備升安童為太師，裁撤中書省，有人指出這是「崇以虛名而實奪之權」的陰謀，所以未能實現。安童倚重儒臣，對專以「聚財」惑亂視聽的官吏頗不滿意，但又無可奈何。至元十三年，安童與那木罕等被西北叛王劫持。二十一年三月返回朝廷，十一月復任中書右丞相。至元二十四年閏二月，再次分立尚書省。安童因天下大權盡歸尚書省，屢次請求罷相，至元二十六年去相職，仍任怯薛長。

左丞相　忽都答兒，蒙古人，原為忽必烈怯薛長。至元三年（1266 年）十一月任中書省左丞相。次年六月調整宰輔人員，出任平章政事。至元七年正月復任中書省左丞相。十四年辭去相職，復為怯薛長。仁宗時，追封為「壽國公」。

平章政事　合伯，蒙古人。至元十年（1273年）九月至十七年任平章政事職。
成宗元貞元年（1295年）正月，設立北庭都元帥府後，出任都元帥，率軍駐守在
西北邊陲。

平章政事　阿合馬（？—1282），回回人。出生於中亞費納喀忒（今烏茲別克斯
坦塔什干西南錫爾河右岸）。原為蒙古弘吉剌部按陳那顏屬民，跟隨察必（忽
必烈皇后）入宮。因巧言善辯受忽必烈喜愛。中統二年（1261年）任上都同知。
次年領中書省左右部，兼諸路都轉運使，專管朝廷財政。至元元年（1264年）
十一月，升任中書省平章政事。三年正月設立制國用使司，兼任制國用使。七年
正月，制國用使司改為尚書省後，以平章尚書省事為該省最高長官，中書省六
部劃入尚書省之下。有人建議尚書省應專為「理財」機構，銓選官員仍由中書省
負責。但是忽必烈急於富國，把這項權力也交給了尚書省。阿合馬擢用親信，
「不由部擬，不咨中書」，引起安童的非議；阿合馬聲稱事無大小，皇帝皆委於
我，所以我有責任自選官吏。至元九年正月，尚書省併入中書省，阿合馬仍任
平章之職。至元十九年被殺。阿合馬被多數漢人儒臣視為「奸臣」，但他確實理
財有術。在元廷攻宋的大規模軍事行動中，調集軍需物品，保證財政支持，阿
合馬自有功勞。

平章政事　趙璧（1220—1276），字寶臣，雲中懷仁（今屬山西）人。二十三歲
時為忽必烈召見，被稱為「秀才」。後奉命招攬中原名士，學習蒙古語，成為忽
必烈「幕府」中的得力謀士。中統元年（1260年）七月設立燕京行中書省，出任
平章政事。至元二年（1265年）閏五月，又出任河南等路的行省職。以後歷任
樞密副使，中書省左丞、右丞、平章政事。至元十三年死於任上。趙璧歷仕於
中央行政和軍務機構，經驗豐富，頗有建樹，並且文筆很好，很受忽必烈稱讚。
忽必烈準備發表攻宋檄文，詞臣數人先後草擬，都不能使其滿意。最後還是趙
璧動手擬成，忽必烈稱讚說「惟秀才曲盡我意」。

右丞　張惠（1224—1285），字廷傑，蒙古名兀魯忽訥特，成都新繁人。十四歲
被蒙古軍俘往漠北，學習蒙古語及其他語言。忽必烈即位後，出任燕京宣撫副
使。以後歷任制國用副使、參知尚書省事等職，至元十年（1273年）二月出任
中書省右丞。大軍南下攻宋，張惠負責提供軍費糧餉，主管江淮財賦。元軍入
臨安，張惠奉命清點宋廷物資，留在宋宮中掌管府庫，因違制擅開封庫，被忽
必烈召還大都。張惠是阿合馬的得力助手，阿合馬被殺後，張惠被免職，不久

起用為漳州行省平章政事。

參知政事　郝禎（？—1282），真定（今河北石家莊正定縣）人。至元十三年（1276年）閏三月，由中書省左右司郎中升參知政事，協助阿合馬「理財」。十七年七月升左丞。後與阿合馬一起被殺。

平章軍國重事　耶律鑄（1221—1285），字成仲，契丹人，耶律楚材（1190—1244）子。蒙哥汗死，耶律鑄隨南征蒙古軍返回漠北。阿里不哥稱汗後，耶律鑄棄妻、子南下，投奔忽必烈。歷任中書省左丞相、平章政事。至元十年（1273年）三月，授平章軍國重事銜，十三年六月受命兼修國史。十九年十月復任中書省左丞相。次年十月罷相，沒收家產一半，徙居山後。耶律鑄承接父風，與名儒交往頗多，在治國方略上與阿合馬等不同，所以雖然職高爵榮，但沒有實權，不是忽必烈的親信。

樞密院

同知樞密院事　伯顏（1236—1294），蒙古八鄰部人。早年跟從旭烈兀西征，至元元年（1264年）受旭烈兀派遣出使大汗庭，得到忽必烈的賞識，被留下充任侍臣。歷任中書省左丞、右丞，樞密副使，同知樞密院事等職。至元十一年三月，出任荊湖行省（後改河南行省）左丞相，統率大軍二十萬南下攻宋。押送南宋幼帝一行北上後，復任同知樞密院事。後奉命督軍北上，平定宗王叛亂。至元二十六年升知樞密院事，坐鎮和林，掌管漠北諸軍，與叛王對抗。伯顏深謀善斷，不愧為「帥才」。當時人稱讚他「將二十萬眾伐宋若將一人，諸將仰之若神明」。

樞密副使　張易（？—1282），字仲一，太原交城人。早年投入忽必烈藩府，以辦事幹練而受忽必烈的賞識。中統元年（1260年）七月，任燕京行中書省參知政事，次年五月升右丞。以後歷任同平章尚書省事、中書省平章政事、樞密副使等職。至元十九年（1282年）三月因涉嫌參與謀殺阿合馬事被處死。張易先為中書宰輔，後多年掌管樞府，參與了軍務決策。元軍攻宋，張易實有策劃、調動之功。

御史台

御史大夫　玉昔帖木兒（1242—1295），蒙古阿兒剌部人，開國功臣博爾朮後裔。任忽必烈怯薛長，賜號「月呂魯那顏」（意為「能官」）。至元十二年（1275年）九月任御史大夫。二十九年，代替伯顏率軍鎮守漠北。忽必烈死後，與伯顏一同立鐵穆耳為帝。玉昔帖木兒掌御史台多年，又出身怯薛，與安童、伯顏等一樣，皆為朝廷中的蒙古重臣。

御史中丞　張文謙（1217—1283），字仲謙，順德沙河（今屬河北）人。由劉秉忠推薦給忽必烈後，於中統元年（1260年）四月任中書省左丞。因與平章政事王文統意見不合，出任宣撫司和行省官。至元七年（1270年）二月設立司農司，他擔任司農卿，請准設立四道行勸農司，敦促各地官員發展農業生產。至元十三年，改任御史中丞。阿合馬擅政，恐遭御史台彈劾，請求撤銷御史台下屬機構提刑按察司，遭到張文謙堅決反對。不久，他改任昭文館大學士，領太史院，主持修訂新曆。張文謙家中藏書數萬卷，因與許衡等過往甚密，理學造詣匪淺，並且長於薦賢舉能。但由於屢遭中書宰輔排擠，仕途不順。張易死後，張文謙為樞密副使，不久病死。

行省官

右丞相　伯顏，見前。

左丞相　阿朮（1227—1281），蒙古兀良合部人，名將速不台後人。早年從父兀良合台攻大理、交趾，以機智勇猛著稱。中統三年（1262年）九月，任征南都元帥，統領南邊諸軍，與宋軍對抗。至元四年（1267年），率軍圍攻宋軍事重鎮襄、樊。九年，破樊城，逼襄陽守將呂文煥出降。至元十一年三月，以行省平章政事職協助伯顏南下攻宋。次年七月，升行省左丞相。伯顏軍直取臨安時，阿朮率軍包圍揚州等城，阻斷兩淮宋軍南下之路。阿朮在南線指揮軍隊作戰多年，經驗豐富，且與伯顏配合默契。元軍屢戰屢勝，兩位「良帥」的作用不可低估。

平章政事　阿塔海（1234—1289），蒙古遜都思部人。以千戶職隨兀良合台攻大

理，後率軍戍守淮水等地。至元九年（1272年），任淮西行樞密院副使。十一年，
以行省右丞兼淮西行樞密院事，領偏師南下。後與伯顏軍會師，隨伯顏領中路
軍趨臨安。至元十三年，升行省平章政事，兼浙西道宣慰使。十四年三月，改
江淮行省平章政事。次年二月，升左丞相，移治杭州。後為征東行省丞相，率
軍征日本，敗軍而回，改任同知沿江樞密院事等職。

左丞　董文炳（1217—1278），字彥明，真定藁城（今屬河北）人。早年入忽必
烈藩府，深為忽必烈信任。忽必烈建中央禁軍武衛軍，明言「親軍非文炳難任」，
授以都指揮使之職。李璮叛亂，文炳討叛有功，後率軍戍守山東、河南，歷任
河南統軍副使、山東統軍副使、行淮西樞密院事等職。至元十一年（1274年），
以行省參知政事職隨阿塔海率淮西行院兵南下。次年，升行省左丞，分兵由海
道趨臨安。後又率軍南下福建。至元十四年被召回。文炳雖為漢人，但待遇與
蒙古貴族幾無區別，弟文忠為忽必烈怯薛執事，本人又身居要職。回都後，忽
必烈宣佈中書省和樞密院事無大小，均要諮詢董文炳，恩寵備至。次年，文炳
患病，忽必烈特詔他離開大都暑熱之地，到上都養病，並在天壽節大宴時賜文
炳上座。不久，文炳疾發而死，留下遺言：「願董氏世有男能騎馬者，勉力報國，
則吾死瞑目矣。」

參知政事　阿剌罕（1233—1281），蒙古札剌兒部人。原為蒙古漢軍萬戶，至元
十二年（1275年）伯顏奉詔北上，升阿剌罕為參知政事，留治省事。伯顏南還
後，阿剌罕分軍下獨松關，至臨安北與伯顏會師。後兼江東宣慰使。至元十四年，
升行省左丞，不久又升右丞。十八年，以行省左丞相職督軍攻日本，未出師即
病死。阿剌罕為軍中猛將，常身先士卒，衝鋒陷陣。伯顏、阿朮等北還後，阿
剌罕等主持江南軍務，穩定局勢，功勞不小。

參知政事　范文虎（ ？ —1301），原任宋殿前副都指揮使。德祐元年（1275年）
在知安慶府任上，以城降元，元軍入臨安，設兩浙大都督府，文虎被任為大都
督。至元十三年（1276年）七月，升行省參知政事。十五年二月，又升為行省
左丞。後率軍出征日本，失敗而還。又歷任中書省左丞、右丞、平章政事等職，
是南人中任職最高的。

參知政事　呂文煥，安豐（今安徽淮南壽縣）人。原宋知襄陽府兼京西安撫副
使，至元十年（1273年）正月降元。次年，以行省參知政事職隨軍攻宋。至元

十三年，兼任江東道宣慰使。十四年七月，升行省左丞，後以江淮行省右丞職告老。

參知政事　奧魯赤（1232—1297），蒙古札剌兒部人，蒙古軍萬戶。曾跟隨伯顏南下攻臨安。至元十三年（1276年）八月，升行省參知政事，兼湖北道宣慰使，後歷任湖廣行省左丞、右丞、平章政事等職。

兩浙大都督　忙兀台（？—1290），蒙古塔塔兒部人，蒙古軍萬戶。元軍入臨安，任兩浙大都督，後歷任行省參知政事、左丞、右丞、平章政事，死於江西行省丞相任上。忙兀台作戰勇猛，但剛愎自用，處理民政經驗不足，死後御史台官員揭露出他的不法事數件。

漢軍萬戶　張弘範（1238—1280），字仲疇，易州定興（今屬河北）人。出身漢人世侯之家，既作戰勇猛過人，又能吟詩作歌，有儒將之風，累功升萬戶。從大軍攻宋，渡江時為前鋒。後隨董文炳由海道趨臨安。至元十四年（1277年），任江東道宣慰使。次年，以蒙古漢軍都元帥率軍進攻南宋流亡朝廷。弘範請以蒙古人為首帥，自己任副帥，忽必烈不許，特表委任專一。弘範選軍二萬，由海道南下廣東，在崖山一戰中盡殲宋軍，還朝後不久病死。

平章政事　阿里海牙（1227—1286），畏兀兒人。出身貧寒，但不願務農，自稱「大丈夫當立功朝廷，何至效細民事畎畝乎」，於是投入忽必烈藩府效力。中統三年（1262年）任中書省左右司郎中，至元元年（1264年）升參議中書省事。後隨阿朮等圍攻襄、樊。至元十一年，以行省右丞從大軍南下，渡江後留守鄂州。主動出師江陵、潭州等地，所至克敵。十三年七月，升行省平章政事，率軍攻佔廣西全境。後在湖廣行省左丞相任上去世。

右丞　廉希憲（1231—1280），畏兀兒人，字善甫。自幼篤好經史，又以善射聞名。入忽必烈藩府後，1254年為忽必烈分地京兆宣撫使，與許衡、姚樞等一同協助忽必烈理政。忽必烈即位後，廉希憲出任京兆宣撫使，抵禦阿里不哥南下之師。後歷任中書右丞、中書省平章政事、北京行省平章政事。至元十二年（1275年）五月，以中書右丞行省於荊湖南路，建府於江陵，協助阿里海牙理政。至元十四年，召還京師。有人建議設立門下省，忽必烈打算以廉希憲為侍中，因阿合馬反對而未果。忽必烈要廉希憲復入中書省任職，希憲稱病謝絕。

希憲主張「君天下在用人，用君子則治，用小人則亂」，並指出「大奸專政，群小阿附，誤國害民，病之大者」，皆因阿合馬專權而發。

左丞　崔斌（1223—1278），字仲文，蒙古名燕鐵木兒，馬邑（今山西朔州朔城區）人。性格機敏，既善騎射，又精通政務。歷任中書省左右司郎中、同僉樞密院事等職。至元十一年（1274年），隸河南行省下，掌管南征大軍供應軍需等事。次年任行省參知政事，協助阿里海牙守鄂州及南攻潭州。至元十三年，升行省左丞。十五年，被阿合馬誣陷致死。

右丞　博羅歡（1236—1300），蒙古忙兀部人。十六歲任本部斷事官。至元八年（1271年），受命前往雲南調查雲南王被害事件，還朝後任右衛親軍都指揮使。十二年，以行省右丞兼淮東都元帥，率軍攻淮東諸郡，牽制宋軍。至元十三年北返。後歷任樞密副使、御史大夫、中書右丞等職，率軍出討叛王，行省於北京、甘肅等地。世祖朝末年，任河南行省平章政事。成宗時，改任湖廣、江浙行省平章政事。

平章政事　阿里（？—1280），回回人。至元元年（1264年）十一月，由諸路都轉運使改任中書省右丞。後歷任參知政事、行河南中書省事、行省右丞等職。至元十二年二月，以右丞兼淮東左副都元帥，隨博羅歡出軍。十三年十月，升平章政事，行省於淮東。後改為江淮行省，仍任平章之職。至元十七年，與崔斌一同被阿合馬誣殺。

參知政事　陳巖，原為宋知漣州，至元十二年（1275年）正月降元，授淮東宣撫使職。十三年七月，升行省參知政事。十月，隨阿里行省於淮東。十五年二月，升左丞。後元軍攻日本、安南，陳巖均充任統軍將領。

參知政事　塔出（1244—1280），唐兀人。歷任山東統軍使、僉淮西行樞密院事等職。至元十二年（1275年），以淮西左副都元帥職從博羅歡出征。十三年七月，升行省參知政事，不久兼任江西宣慰使，督軍攻江西、福建。十四年七月，任江西行省右丞。張弘範、李恆等攻崖山，塔出留守，以供軍需。有人誣告宋降將呂師夔謀反，塔出為其申辯免罪。

江西都元帥　宋都帶，蒙古許兀慎部人，出身於功臣世家，祖、父皆為怯薛。

以蒙古軍萬戶職從大軍攻宋。至元十二年（1275年）八月，任江西都元帥，率軍入江西。次年病死。

江西左副都元帥　李恆（1236—1285），字德卿，唐兀人。至元七年（1270年）為漢軍萬戶。十二年七月，以江西左副都元帥從宋都艉出兵江西。後歷任福建宣慰使、江西宣慰使等職。至元十四年，升江西行省參知政事。次年，以蒙古漢軍都元帥職為張弘範助手，率軍由陸路趨廣東，消滅南宋殘餘勢力。後為荊湖行省左丞。隨鎮南王脫歡攻安南，中毒箭身亡。

雲南行省平章政事　賽典赤·贍思丁（1211—1279），回回人，一名烏馬兒。成吉思汗西征時率眾迎降，隨從東來。窩闊台至蒙哥汗時，歷任豐、淨、雲內三州都達魯花赤，太原、平陽二路達魯花赤，燕京斷事官等。忽必烈即位，任燕京路宣撫使。中統二年（1261年）八月，升中書省平章政事。至元元年（1264年）起，出任陝西、四川行省平章政事。十一年，改任雲南行省平章政事，在雲南推行文治，政績卓著。回回高官中，鼓吹「理財」的人居多，倡導文治的不多，賽典赤·贍思丁與漢儒過往甚密，所以能夠在各地按傳統制度建立統治秩序，並得到漢儒的一致好評。

大元帝師　八思巴（1235—1280），本名洛追堅贊，尊稱「八思巴」，意為「聖者」，吐蕃薩斯迦（今西藏日喀則薩迦縣）款氏人。1251年繼為薩斯迦派教主，兩年後被忽必烈尊為「上師」，中統元年（1260年）十二月封為國師，至元六年（1269年）升號為帝師、大寶法王。十一年三月，八思巴返回吐蕃，弟亦鄰真監藏（？—1279）嗣任帝師。八思巴雖離開朝廷，人們依然將其視為帝師，他也常與忽必烈、真金等書信往來。著有《彰所知論》等多種著作。

集賢院　翰林國史院

集賢大學士　國子祭酒　許衡（1209—1281），字仲平，原籍懷州河內（今河南沁陽），避難遷居河南新鄭。七歲入學，問老師為甚麼讀書，老師答以為了科舉考試及第。許衡又問「難道就為這個嗎」，老師驚異其聰明，並表示此孩童穎悟不凡，日後必有成就。許衡從師數人，如飢似渴地學習經術。由於家境貧寒，又遭戰亂，不容易找到書籍，他甚至抄書習誦。後遇姚樞，得到朱熹等人的

著作，與姚樞、竇默共同研習，並教授生徒，於是聲名大著。中統元年（1260年）被忽必烈召至京城。次年八月，封為國子祭酒，不久即辭職還鄉。至元三年（1266年），又被召至京城，奉命入中書省議事，許衡奏《時務五事》疏，希望朝廷實行漢法。四年，告病還鄉，不久又入京城，參與議定朝儀及內外官制。七年，任中書左丞，揭露阿合馬專權行為，不為忽必烈接受，被解職。次年，以集賢大學士兼國子祭酒，教授蒙古生徒。至元十年，辭職還鄉。十三年，再召至大都，授集賢大學士、國子祭酒，領太史院事，參與修新曆等務。《授時曆》修成後致仕還鄉。許衡幾進幾出京師，志在從政而未被重用，只是奠定了元朝國子學的基礎，並使理學得以普及，終至定於一尊。

翰林學士承旨　姚樞（1201—1278），字公茂，號雪齋、敬齋，洛陽人。金末至燕京依附楊惟中，窩闊台汗七年（1235年）從楊惟中訪求儒道釋醫卜人才，見到南宋名儒趙復，始聞程朱性理之學。後與許衡、竇默等一同研習理學。忽必烈即位後，歷任東平路宣撫使、大司農、中書左丞、河南行省僉事、昭文館大學士等職。至元十三年（1276年），改為翰林學士承旨。姚樞被忽必烈視為朝廷老臣，常命中書省官員咨政於他，但阿合馬等人並不重視姚樞的議論，所以姚樞只能在定朝儀、立官制和修定曆法等方面起些作用。

翰林學士　王磐（1202—1293），字文炳，號鹿庵。金正大四年（1227年）進士。曾任宋荊湘制置司議事官，後被東平總管嚴實聘為師。中統元年（1260年），任濟南、益都等路宣撫副使，後被王鶚薦為翰林直學士。不久出任真定、順德等路宣慰使。至元七年（1270年），入朝為翰林學士。累以年老乞請致仕，年過八十方獲准許。王磐長年居翰林之位，制詔多出其手，忽必烈還常遣人問以理政、便民之事。王磐亦敢於犯顏直諫。忽必烈欲出軍攻日本，已確定了發兵時間，王磐入諫道：「日本小夷，海道險遠，勝之不武，不勝則損威，不應該出兵。」忽必烈大怒，認為這不該是王磐發表議論的事，並質問他是否有異心。王磐答道：「我赤心為國，所以敢於陳述意見，如有異心，就不會冒死前來效勞於朝廷。我已是八十歲之人，又無子孫，還能有甚麼異心？」事後，忽必烈派人好言撫慰，並賜給他碧玉寶枕。王磐致仕，皇太子和公卿百官均設宴餞行。

南宋

中書門下省

左丞相　留夢炎，字漢輔，衢州（今浙江衢州衢江區）人。淳祐五年（1245年）進士第一。德祐元年（1275年）六月，被召入朝，任右丞相兼樞密使，都督諸路兵馬；十月，改左丞相，仍兼樞密使、都督；十一月，逃出臨安。德祐二年，元軍破衢州，留夢炎投降。在元朝做官二十年，先為禮部尚書，後遷為翰林學士承旨，官至丞相。文天祥被囚於大都，有人請求釋放天祥，讓他去當道士，留夢炎堅決反對，認為天祥必以復宋號召民眾起來反抗元朝，對降臣不利。夢炎後致仕南歸，死於家鄉。

左丞相　吳堅，字彥愷，台州天台（今屬浙江）人。寶祐五年（1257年），以太學博士進秘書郎。德祐元年（1275年）十二月，任簽書樞密院事。次年正月，升左丞相，兼樞密使。二月，充祈請使，被迫北上，至上都觀見元帝忽必烈。

左丞相　陳宜中，字與權，溫州永嘉人。寶祐四年（1256年）在太學與黃鏞、劉黻等攻擊左諫議大夫丁大全，號稱「六君子」。景定三年（1262年）廷試第二，歷官監察御史、禮部侍郎、刑部尚書等。依附權臣賈似道，咸淳十年（1274年），升簽書樞密院事兼權參知政事。德祐元年（1275年）正月，任同知樞密院事兼參知政事。二月，升知樞密院事。三月，任右丞相兼樞密使。六月，改左丞相。七月，陳宜中離臨安出走，不久被召回。十月，改任右丞相。左丞相留夢炎遁走，陳宜中實掌朝政。德祐二年正月，與元軍議和，隨即逃出臨安。陸秀夫等招宜中至溫州，隨二王入閩。五月，趙昰即位於福州，陳宜中復任左丞相兼都督。次年十一月，遠遁占城，未再東返。陳宜中為人刻薄，專權擅政卻無施政之才，主意常改。宋廷速敗，實難逃其責。

右丞相　賈餘慶（？—1276），海州（今江蘇連雲港）人。德祐二年（1276年）正月，由知臨安府進同簽書樞密院事。二月，升右丞相，充祈請使北上。閏三月至大都後病死。

右丞相　文天祥（1236—1283），字宋瑞，又字履善，號文山，吉州廬陵（今江西吉安）人。寶祐四年（1256年）進士第一。開慶元年（1259年），蒙古軍圍鄂

州，宦官董宋臣主張遷都避兵，天祥上書請斬宋臣，提出抗蒙建議。後歷任刑
部侍郎、尚書左司郎官等，屢被御史台官劾罷。又入為軍器監兼權直學士院，
起草制書時以文字譏諷權臣賈似道，被劾罷。德祐元年（1275 年），文天祥以知
贛州職組織抗元義軍，入衛臨安。二年正月，由知臨安府改右丞相，兼樞密使、
都督，赴元軍營議和，被留於元營，被逼隨南宋祈請使團北上。途中逃脫，於
五月抵福州，復任右丞相兼樞密使。因與陳宜中意見不合，七月，以同都督出
江西，至汀州等地聚兵備戰。祥興元年（1278 年）十二月，在五坡嶺兵敗被俘。
被元軍帶至崖山，又北送大都監禁，拒不降元，至元十九年十二月（1283 年
1 月）從容就義。

右丞相　李庭芝（1219—1276），字祥甫，隨州（今湖北隨州）人。淳祐初進士。
開慶元年（1259 年），以權知揚州職主管兩淮制置司事。咸淳五年（1269 年），
以京湖制置大使督師援襄陽，襄陽失守，罷職。不久，元軍攻揚州，起為兩淮
制置使，督軍守淮東。德祐元年（1275 年）四月，加參知政事職。二年五月，趙
昰即位，遙授右丞相之職。七月，兵敗被俘，死於揚州。

參知政事　陳文龍（? —1277），字君賁，福建興化（今福建莆田）人。原名子
龍，咸淳四年（1268 年）廷對第一，度宗為他改名文龍。所書文章為賈似道看
重，擢監察御史。後得罪賈似道，被罷職。德祐元年（1275 年），起為左司諫。
七月，以同簽書樞密院事兼權參知政事，至十二月，升為參知政事兼權知樞密院
事。次年正月棄職逃出京城，五月復為參知政事，八月改閩廣宣撫使。十二月
被元軍所俘，押送杭州，絕食而死。

參知政事　常楙（? —1282），字長孺，邛州臨邛（今四川邛崍）人。淳祐七年
（1247 年）進士。歷仕戶部侍郎、刑部侍郎等職。德祐元年（1275 年）任吏部尚
書，以老病辭職，未得到批准。二年正月，升參知政事，隨即棄職離開臨安，隱
於民間，六年後去世。

參知政事　劉岊，重慶人。德祐二年（1276 年）正月，以監察御史職出使元軍
營中。不久升參知政事，充祈請使，北上元都城。

參知政事　家鉉翁，號則堂，眉州人。以蔭補官，歷仕知常州、大理少卿、戶
部侍郎等職。德祐二年（1276 年）正月，賜進士出身，拜簽書樞密院事。隨即

升參知政事，充祈請使北上。拒不仕元，在河間設館教授《春秋》。元成宗即位後（1294年），放歸江南，賜號「處士」。

參知政事　劉黻（1217—1276），字聲伯，溫州樂清人。淳祐十年（1250年）入太學，曾先後兩次率太學生伏闕上書，抨擊朝政得失。咸淳三年（1267年），任監察御史，後歷仕刑部侍郎、試吏部尚書、兼工部尚書等職。德祐二年（1276年）五月，受召為參知政事，前往福州途中病死，妻林氏舉家投海。

樞密院

樞密使　謝堂，號恕齋。德祐元年（1275年）十二月，賜同進士出身，任同知樞密院事。次年二月，以樞密使充祈請使，納賄免從祈請團北上，但不久又被元人逼迫北行，至上都觀見元帝，留仕元廷。

樞密副使　張世傑（？—1279），范陽（今河北涿州）人。原跟從北方漢人世侯張柔，犯罪逃入宋境，入宋軍為小校，累功至都統制。德祐元年（1275年），率兵入臨安勤王，督軍與元軍作戰，大敗於焦山。十二月，返回臨安，加檢校少保。次年正月，帶兵南下。五月，擁趙昰即位，任樞密副使，小朝廷生存皆賴其所統軍隊支撐。祥興二年（1279年），兵敗於崖山，突圍脫走，遇颶風溺死。

簽書樞密院事　陸秀夫（1236—1279），字君實，楚州鹽城（今屬江蘇）人。寶祐四年（1256年）進士。初為兩淮制置使李庭芝幕僚，德佑元年（1275年）入朝為司農寺丞，升宗正少卿。二年正月，出臨安追尋益、廣二王。五月，趙昰即位，任簽書樞密院事。景炎三年（1278年）四月，又立趙昺為帝，任左丞相，與張世傑共掌朝政。崖山兵敗，抱趙昺投海而死。

制置司官

淮西制置使　夏貴（1197—1279），字用和，安豐（今安徽淮南壽縣）人。出身行伍，屢立戰功，官至淮西安撫制置大使，兼知黃州。德祐元年（1275年）八月，加樞密副使。次年二月，以淮西州郡降元，赴上都朝覲忽必烈，授行省參

知政事。至元十五年（1278 年），升行省左丞。

淮東制置使　李庭芝，見前。

淮東制置副使　朱煥，泰安新泰人，助李庭芝守揚州。德祐二年（1276 年）七月，獻揚州城降元。

江西制置使　黃萬石，德祐元年（1275 年）正月任職，駐隆興府（今江西南昌）。七月，移治所於撫州。元軍攻江西，逃往建昌軍（今江西撫州南城縣）。二年五月降元，從命北上。

福建廣東招撫使　蒲壽庚，泉州人，世代以經營海上貿易為業。以招撫使兼提舉泉州市舶。景炎元年（1276 年）十二月，以泉州降元。七月，任江西行省參知政事。次年三月，改福建行省參知政事。八月，升行省左丞。

福建制置使　王積翁（1229—1284），字良臣，福寧州（今福建寧德霞浦縣）人。德祐二年（1276 年）八月，改福建提刑、招撫使，知南劍州（今福建南平）。十一月元軍攻城，棄城逃走，不久降元。至元十七年（1280 年），由福建宣慰使改中書省戶部尚書。二十一年，出使日本，在海上被殺。

沿江制置使　趙溍，原為淮東統領，兼知鎮江府。咸淳九年（1273 年）四月，升淮西總領兼沿江制置使、建康（今江蘇南京）留守。德祐元年（1275 年）七月，與張世傑會兵與元軍決戰，戰前遁走。次年五月，從陳宜中等調度，任廣東經略使。九月，入廣州。十二月，元軍來攻，棄廣州遁走。

廣西經略使　馬墍（？—1277），宕昌（今屬甘肅）人。出身於名將世家。歷任知欽州、知邕州等職。德祐二年（1276 年）宋廷降元後，他仍護經略司印守靜江（今廣西桂林），拒絕投降。次年，元軍攻破靜江，在巷戰中身亡。

四川制置使　張珏（？—1278），字君玉，隴西鳳州（今陝西寶雞鳳縣）人。十八歲從軍於釣魚山，以戰功累官中軍都統制。德祐元年（1275 年），升四川制置副使，知重慶府。次年，升四川制置使，督兵鎮守重慶等要塞。張珏善於用兵，設伏遠襲等尤為拿手，並且治軍有法，奴隸立功必賞，至親有過必罰，所以

能團結士卒,與元軍對抗多年。景炎三年(1278年)二月,元軍攻克重慶,張珏
被俘,後自縊身亡。

衍聖公

孔洙　字思魯,又字景清,號存齋,孔子第五十三世孫,南渡後家於衢州,遂為
衢州人。世襲宋衍聖公稱號。至元十九年(1282年)七月,受詔北上,十一月
至大都覲見忽必烈。忽必烈欲以孔洙襲衍聖公爵號,孔洙力辭,表示應以曲阜
現居孔氏後裔襲爵,乃授國子祭酒,兼提舉浙東道學校事,返回衢州。成宗即
位後,才以孔沿襲封衍聖公(1295年)。元廷衍聖公的爵位,空缺了四十餘年。

主要參考文獻

脫脫等：《宋史》，中華書局標點本。

宋濂等：《元史》，中華書局標點本。

《元朝秘史》（15 卷本），東方文獻出版社 1962 年影印本。

《聖武親征錄》，賈敬顏點校，陳曉偉整理，中華書局 2019 年版。

《元典章》，陳高華、張帆、劉曉、黨寶海點校，中華書局、天津古籍出版社 2011 年版。

《通制條格》，黃時鑑點校，浙江古籍出版社 1986 年版。

《元代奏議集錄》，陳得芝、邱樹森、何兆吉輯點，浙江古籍出版社 1998 年版。

李修生主編：《全元文》，江蘇古籍出版社 1998—2004 年版。

蘇天爵編：《元朝名臣事略》，姚景安點校，中華書局 1996 年版。

蘇天爵編：《國朝文類》，《四部叢刊》本。

文天祥：《文天祥全集》，熊飛等點校，江西人民出版社 1987 年版。

汪元量：《增訂湖山類稿》，孔凡禮輯校，中華書局 1984 年版。

林景熙：《白石樵唱集》，《宋代五十六家詩集》本。

謝枋得：《疊山集》，《四部叢刊》本。

王惲：《秋澗先生大全文集》，《四部叢刊》本。

許衡：《魯齋遺書》，《北京圖書館古籍珍本叢刊》本（第 91 冊）。

郝經：《郝文忠公陵川文集》，《北京圖書館古籍珍本叢刊》本（第 91 冊）。

劉因：《劉文靖公文集》，《北京圖書館古籍珍本叢刊》本（第 93 冊）。

魏初：《青崖集》，《四庫全書珍本初集》本。

耶律鑄：《雙溪醉飲集》，《知服齋叢書》本。

趙天麟：《太平金鏡策》，北京圖書館藏元刻本（殘本）。

趙孟頫：《松雪齋文集》，《四部叢刊》本。

杜道堅：《文子纘義》，《四庫全書》本。

陳孚：《陳剛中詩集》，《託跋塵叢刻》本。

方回：《桐江集》，《宛委別藏》本。

舒岳祥：《閬風集》，《四庫全書珍本三集》本。

何夢桂：《潛齋集》，《四庫全書珍本五集》本。

俞德鄰：《佩韋齋集》，《四庫全書珍本三集》本。

程鉅夫：《雪樓集》，陶氏涉園刻本。

胡祗遹：《紫山大全集》，《三怡堂叢書》本。

吳澄：《吳文正公集》，《四庫全書珍本二集》本。

許謙：《白雲集》，《四部叢刊》本。

許謙：《讀四書叢說》，《四庫全書》本。

任士林：《松鄉集》，《四庫全書珍本二集》本。

戴表元：《剡源集》，《四部叢刊》本。

熊禾：《勿軒集》，《正誼堂叢書》本。

陳普：《石堂先生遺集》，明萬曆三年刻本。

虞集：《道園學古錄》，《四部叢刊》本。

姚燧：《牧庵集》，《北京圖書館古籍珍本叢刊》本（第92冊）。

黃溍：《金華黃先生文集》，《四部叢刊》本。

許有壬：《至正集》，《北京圖書館古籍珍本叢刊》本（第95冊）。

蘇天爵：《滋溪文稿》，陳高華、孟繁清點校，中華書局1997年版。

歐陽玄：《圭齋文集》，《四部叢刊》本。

朱右：《白雲集》，北京圖書館藏明初刻本。

陳基：《夷白齋稿》，《四庫全書珍本三集》本。

吳師道：《吳禮部文集》，《續金華叢書》本。

盧琦：《圭峰集》，北京圖書館藏明萬曆三十七年刻本。

王褘：《王忠文集》，清康熙間刻本。

責任編輯	莫匡堯
書籍設計	霍明志
排　　版	周　榮
印　　務	馮政光

書　　名	大一統 —— 元至元十三年紀事
叢書名	文史中國
作　　者	史衛民
出　　版	香港中和出版有限公司 Hong Kong Open Page Publishing Co., Ltd. 香港北角英皇道499號北角工業大廈18樓 http://www.hkopenpage.com http://www.facebook.com/hkopenpage http://weibo.com/hkopenpage Email: info@hkopenpage.com
香港發行	香港聯合書刊物流有限公司 香港新界荃灣德士古道220－248號荃灣工業中心16樓
印　　刷	美雅印刷製本有限公司 香港九龍官塘榮業街6號海濱工業大廈4字樓
版　　次	2021年12月香港第1版第1次印刷
規　　格	32開（148mm × 210mm）256面
國際書號	ISBN 978-988-8763-52-8

© 2021 Hong Kong Open Page Publishing Co., Ltd.
Published in Hong Kong